JN205312

覚えよう、日本で働くための基礎知識

ここで差がつく
ビジネス
マニュアル
（日本語版）

NMR経営実務研究会

KKベストブック

はじめに

みなさん、ようこそ日本へ！

日本での生活習慣、仕事の進め方など、最初は不慣れなことも多くあり、苦労されると思います。

本書はみなさんの日本での生活をサポートするために企画・製作されたものです。みなさんのお役に立てるよう、日本人の感覚を反映して、日本流のビジネスマナーを覚えていただき、そして、そのレベルを徐々にあげて、早く日本での生活に慣れていただけるよう、そのノウハウをわかりやすくまとめました。

また、みなさんがまず苦労されると思われる言葉の壁、特に漢字にはすべてひらがなのルビをふり、より理解が深まるよう配慮しました。

巻末には簡単な日本語の練習の章も設けました。

本書によって、日本という国を理解し、また、できるだけ早く日本語をマスターして、日本での心地よい生活を送ることができるよう、応援しております。

NMR 経営実務研究会

目次

第３章　仕事力を高める「ステップアップしよう」

第1章
働くうえで「知っておきたいこと」

■「会社」とは？

(1) 会社の目的を理解する

新しく会社に入った人たちは、普通「私は○○食品株式会社に入社した」とか「株式会社△△ビルサービスに入社した」と考えます。

そして、「食品の製造をすること」や「ビルの清掃や管理をすること」をまず念頭におくでしょう。あらためて「会社の目的ってなに？」と考える人はあまり多くはないと思われます。

しかし、何事も基本が肝心。いつか先輩になったとき、はっきり説明できるようにしておかないと、思わぬ恥をかくことになります。

それは「会社」というものが、社会的な役割や、それとかかわる一人ひとりの立場によっていろいろな顔をみせるからです。

会社は、社会が必要としている商品やサービスを提供し、利益を追求する組織です。

一方、個人の立場からみれば、ある人にとっては「会社は仕事を通じて、自分自身の生きがいを実現する場所」でしょう。また、ある人にとっては単に「お金を稼ぐ場所」

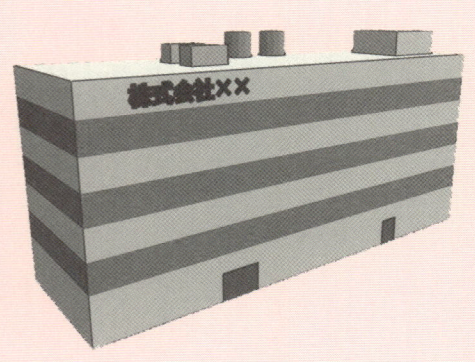

に過ぎないかもしれません。

ここでは「会社（企業）の目的として3つのポイントをあげます。

①事業を通じて社会に貢献すること
②利益を追求すること
③維持・存続し、さらに発展すること

以上のポイントはどこの会社にもある「*社是」「*社訓」に、たいてい盛り込まれています。

社是、社訓はその会社の憲法にあたる大切なものですから、みなさんも繰り返し読んで、その意味するところを理解するようにしましょう。

(2) 会社は社会に貢献する

「社是・社訓なんて額縁に入って偉そうにしているだけの代物だ」

文字だけを眺めてそう考えてしまうのは、無理のないところかもしれません。

しかし、会社の創業者をはじめ多くの先輩たちが、そのもとでどれほど貴重な汗を流してきたことでしょう。

額縁の裏側には、みなさんが入った会社の長い歴史や伝統がしっかり刻み込まれています。そう思って読んで、

- -

*社是……経営上の方針。会社が正しいとするもの。
*社訓……会社で守るべき教え、心構えを示したもの。

初めて重みが理解できるのです。

　実際に会社にあるものの中で、形式だけの無意味なものなど1つもありません。謙虚にそう考えるのが社会人としての第一歩です。

　その第1条か第2条で必ず謳われているのが「社会への貢献」です。2011年に発生した東日本大震災では、たくさんの企業が被災したことによって、日本ばかりか、世界中の国々の経済活動に影響がでました。

　今日、日本が先進国の一員として世界経済に影響を与えるほどのポジションに位置する中で、企業の「社会への貢献」は重要な意味をもっています。

　前項で述べた3つのポイントをもう一度眺めてみてください。それらは密接に関連づけられており、どれか1つを取り出しても意味はありません。

　どんなに独創的な商品を開発しても、それが社会的に必要とされないならば利益を上げることはできません。せっかく利益を上げても、それをみんなで分けてしまって、次の事業展開を考えなければ会社は成り立ちません。

　さまざまな利害関係者(ステークホルダーともいいます)との、言い換えれば社会とのかかわりの中で、会社も私たちも生かされているのです。

　自分の会社の維持・存在ばかりを考え、社会的な貢献・存在意義ということを無視していては、これからの時代の企業経営は難しいものになっていくでしょう。

　その最初の手がかりが、「自分の会社はどのように社会に貢献しているか」です。もう一度、新鮮な頭で自分の会

社の社是・社訓と向かいあってみてください。

(3) 会社は利益を追求する

　もし、みなさんが自分の会社の「*定款」を目にすることがあるならば、その冒頭はおそらく次のような構成になっているはずです。

第1条（商号）　当社は○○株式会社と称する。
第2条（目的）　当社は次の事業を営むことを目的とする。
　①△△の製造・販売をすること
　②××のコンサルティングをすること（③以下は省略）

　定款とは、このように会社の組織と活動の根本原則を定めたもので、*公証人による認証を義務づけられています。その中にある「目的」の項目に記載されているものが、その会社の事業内容です。

　建設会社なら、①建物の設計・施行、②土木工事……などと続くことでしょう。また、多角的な経営を目指す家電メーカーであれば、①家庭用電気製品の製造および販売、②プレハブ住宅の設計・施工、③インテリア用品の製造および販売……などとなっていることでしょう。

　このような事業目的を完遂するために、みなさんは社員として選ばれました。

- -
*定款……会社を運営していくうえでの基本的規則を定めたもの。
*公証人……ある事実の存在、もしくは契約などの法律行為の適法性などについて、公権力を根拠に証明・認証する者のこと。

ここで深く認識しなければならないことは、これらの事業目的は「お題目」として記憶しておくためにあるのではなく、実際に行動する内容を記載したものであるということ、それらはすべて利益に結びつかなければならない「営利事業」であり、「事業を通じて利益を追求する」ということが「営利事業」の目的だということです。

　直接、営利事業に携わらない経理・人事などの仕事でも、会社全体として事業をおこない、利益を上げることもその一部なのです。これについてはさらに詳しく後述します。

　自社の利益に貢献しない「仕事」はない、それを考えない「仕事」は認められない、ということをまず肝に命じてください。

(4) 会社は維持・存続・発展をはかる

　かつて、ＣＤ（コンパクトディスク）全盛時代を迎えたおり、レコード針の専業メーカーが会社の解散を決断しました。レコードファンにとってはとても残念な出来事でしたが、１つの会社がその事業の歴史的な使命を終えて解散することは、不況が長期化している今日では珍しいことではありません。

　しかしそういった会社は、日本に現在ある 380 万社あまりの株式会社からみれば、まだ一部に過ぎません。圧倒的に多くの会社は、従来の事業が時代に遅れるようになったら新規事業に取り組むなどして、組織の存続をはかります。社会的責任を負っている以上、そう簡単になくなるわけにはいきません。

　会社は維持・存続を目的とします。そして、成長・発展を常にはかっているのです。

──────【MEMO】──────

■ 「仕事」とは？

(1) 仕事の目的を理解する

　これまで会社の目的ということを考えてきました。同時に「仕事の目的」についても考えていく必要があります。仕事の目的は、9ページにあげた会社の目的を考える3つの手がかりから、推し測ることができます。

①会社（その事業目的並びに株主・経営者・従業員およびその家族）への貢献
②利益を追求すること
③その仕事をより一層発展させること

　これは大変重要なポイントなので詳しく述べましょう。
「私は人事部に配属されたのだから、利益のほうは関係ない。それは営業部の仕事でしょう」
　そういう人がいるかもしれませんが、それは根本的に考え方が間違っているといわなければなりません。
　人事部の仕事というのは、人材の採用や教育にかかわることですから、たしかに現実にいくら稼いできたかといったことは問題になりません。
　しかし反面、人事部は、たくさん稼いできてくれる営業マンの育成にも携わっているのです。突き詰めて考えれば、利益を上げることに結びつかないわけはないのです。
　大きな会社になればなるほど給与体系も複雑化していくので、人事部は人事部でまったく独自の仕事の体系をつく

り出していきます。ですから、直接的には人事部は人事部の仕事を革新し、より優れたものにしていくことが仕事の目的となります。

　しかし、それと同時にいちばん基本的なところで「仕事の目的は？」と問われたら、「より大きな利益を追求すること、（ひいては社会に）貢献すること」と答えなければなりません。このように仕事の目的は、基本的に会社の目的と同じ構造をもっているといえます。

　しかしそれと同時に会社で働く個人個人にも「仕事の目的＝働く目的」があります。その点がはっきり自覚されていないと、壁にぶつかったときになかなか立ち直れなくなり、会社にとっても自分にとってもマイナスになってしまいます。

(2) 仕事の種類を理解する

　会社の仕事には、大きく分けて3つのジャンルがあります。

①商品やサービスをつくりだす部署（製造・企画・開発など）
②商品やサービスを販売する部署（営業・販売促進など）
③会社組織の運営に携わる部署（総務・人事・経理・広報など）

　──業種や会社の特性によって、いろいろなバリエーションが考えられます。

新しく会社に入った人は、これらのいずれかを希望し、また、会社の方針にしたがって配属先が決まります。
　前述のように仕事の内容はそれぞれの部署によって違ってくるわけですが、目的はすべて同じです。ですから

自分の部署のことだけを考えて、ほかの部署の都合を無視するような態度は、厳に慎まなければなりません。

(3) 自分の役割について理解する

　ここで、配属された部署において、みなさんがどのような心構えをもって仕事を遂行していけばよいのかについて述べておきましょう。
　それぞれの部署の仕事の性格を、まず正しく把握することが重要であることはいうまでもありません。そして、自分自身でその仕事に対する適性を育てていくことです。
　営業部に配属され、販売の第一線で活躍することが求められているのに「どうも、私は人と会うのは苦手で……」などと言っているようでは困ったものです。同様に経理部に配属されたにもかかわらず、緻密なことができない大ざっぱな性格の人にも困ってしまいます。
　しかし、自分の希望や適性に合わない部署に配属されたからといって、心配する必要はありません。上司や先輩の指導にしたがって謙虚な気持ちで仕事に取り組んでいれば、必ず克服できます。
　希望どおり配属されなかったからといって、気持ちを腐らせたりすることのないようにしてください。

第2章
働きながら「身につけたいこと」

■社会人としてのマナーの基本・原則・心構え

(1) 思いやりの気持ち

　マナーとは、お互いが気持ちよく円滑なコミュニケーションをとるためのものです。たとえば相手の立場や状況、気持ちなどを思い浮かべ、相手を不愉快にさせない言動をとること。それがマナーです。

　もちろん、何もかもマニュアルどおりにやればよい、というものではありません。しかし、マナーを知らない人よりは、知っていてきちんと身についている人のほうが、社会人として好印象を与えられますし、評価にもつながるということは事実です。

　マナーの土台になるものは、なによりもまず、相手に対する「思いやり」の気持ちです。たとえば好きな人と親しくなりたいとき、あなたはどのような工夫をしていますか？

「メールアドレスを聞いても嫌がられないかな？」

「どこに誘ったら喜んでくれるかな？」

「どんな髪型やファッションで会いに行ったら好感をもってもらえるかな？」

「どうも誤解されたみたい！　どう言えばわかってもらえるかな？」

　このように、あれこれと相手の気持ちを想像して、工夫した経験があるのではないでしょうか。この相手に好かれたい、仲良くしたいという気持ちこそが、マナーの土台になるものです。

ですから、まだ日本での社会経験がない、少ないからといって、決してむずかしく考える必要はありません。

ただし、社会人になると気の合う友だちや好きな人とだけ付き合うわけにはいきません。年齢や性別、立場、性格、考え方の異なる人たちといっしょに働き、成果を上げていくためには、相手がどんな考え方をしているのか、どんな気持ちでいるのかなど、いつも「相手を思いやること」がよりいっそう大切になります。

(2) 相手への敬意

敬意とは文字どおり、「相手を敬う気持ち」のこと。いわゆる「上から目線」で人を見下したり、誰彼かまわず仲のよい友だちのように接するのではなく、失礼のない言葉遣いや態度で接することです。

敬意のあるなしは、あいさつの仕方や話し方、メールの書き方などにあらわれやすいのでとくに注意しましょう。

(3) 円滑なコミュニケーション

人と人が「感情や意志を伝

達しあうこと」を、コミュニケーションといいます。この
コミュニケーションには会話や文章、メールなどを使って
伝達しあう「言語コミュニケーション」と、表情や態度な
どを使って伝達しあう「非言語コミュニケーション」の2
つの形態があります。いずれのコミュニケーションにおい
ても基本となるもの、それはあなたの第一印象を大きく左
右する「あいさつ」です。

　また、あなたの評価をより高めるための言葉遣いはもち
ろんですが、表情やお辞儀の仕方などもきちんと身につけ
ておきましょう。

　コミュニケーションで注意すべきことは、その大切さを
意識しすぎて、相手が不愉快になったり、怒ったりしそう
なことを言わないでおこうとか、がまんしておこうと消
極的になってしまうことです。そのような場合には、自
分の気持ちや考えが相手に届くよう、むしろ積極的にい
ろいろな工夫をしてみましょう。丁寧に言葉を選んで伝え
れば、必ず相手に伝わります。「言わなくてもわかってほ
しい」「言ってもどうせわかってくれない」などと、最初
から投げ出してしまわないことが何よりも大切です。

(4) 笑顔で……

　飲食店などで「いらっしゃいませ!」と「笑顔」で迎
えられたとき、嫌な気持ちになる人は、まずいないでしょ
う。やさしい笑顔を向けられた人はリラックスできたり、
明るい気持ちになれたりします。

　こうしたことから笑顔はコミュニケーションの第一歩と

いわれています。「サービス業ならともかく、自分のようにオフィスでパソコンに向かう仕事には、笑顔なんか関係ない！」と思っている人がいるかもしれませんが、そうではありません。たとえ内勤であっても、やはり「笑顔」はとても大切なのです。

　会社の上司や同僚にあいさつするとき、訪問先でありいさつするときのちょっとした笑顔が、社内や社外でのあなたの評価や将来さえも左右することになるかもしれません。

　ちなみに、意外と印象に残りやすいのが「別れ際」です。「失礼いたします」と、笑顔で頭を下げた直後に無表情に戻ってしまったり、露骨に不満が顔にでてしまったりすると、会社の上司や同僚、訪問先の相手にその印象がいちばん強く残ってしまうものです。

　同じ印象に残るのならば、いちばん「素敵な笑顔」が印象に残る人になりたいものです。

(5) 常に感謝「ありがとう」

　人に何かしてもらったときは、必ず「感謝（ありがとう）

の気持ち」を伝えましょう。そうすれば相手も「やってあげてよかった！」という気持ちになり、あなたが困ったときまた力になってくれるかもしれません。

「わざわざ言わなくてもわかるだろう」とか「こちらもいろいろしてあげているのだから当然」などと思いあがっていると、たとえ口先で「ありがとう」といっても、雰囲気で本音が伝わってしまうものです。

「ありがとう」の言葉を伝えるときは、いつも気持ちをこめるよう心がけましょう。そうすれば、自然と笑顔が浮かびお辞儀も深くなるので、感謝の気持ちがしっかり伝わります。

———————【MEMO】———————

(6)「謙虚さ」とは

「謙虚さ」とは、偉そうにしない態度をいいます。いわゆる「上から目線でない態度」のことです。たとえば、人から何かを頼まれるとき「〜しておいて！」と一方的にいわれるよりも「〜しいただけませんか？」といわれるほうが、頼みを聞いてあげようかなという気持ちになりやすいものです。

　また、人から注意されたときは素直に耳を傾け、自分に非があれば「申しわけありません」と素直に「謝罪」することが大切です。

　このような謙虚な態度は、取引先の人や上司など目上の人に対してだけでなく、同僚や後輩に対しても意識したいものです。

(7) お互いを認めあい譲りあう（互譲）

「互譲」という言葉はいつもはあまり使いませんが、「互いに譲りあうこと」を意味します。前項の謙虚さともつながる姿勢だといえるでしょう。たとえば、ちょっとしたトラブルで揉めてしまったときは、お互い相手の言い分に耳を貸すことが大切です。まるで聞く耳をもたない、自分のいいたいことだけを一方的にまくしたてるなどという態度では、双方向のコミュニケーションが成り立ちません。

　相手の言い分をきちんと聞き、なぜトラブルになったのか、解決するにはどうしたらよいかなどを、しっかり考えることが大切です。

(8) 常に学ぶ姿勢

「公共の場で騒がない」という程度のマナーは、子供や学生のうちに身につけている人も多いでしょう。しかし、社会人としてのマナーとなると名刺交換や会社訪問など、初めて経験することばかりで、最初から完璧にこなせる人はいません。ですから、ある程度の開き直りも必要です。

新人のうちは大目にみてもらえることもあり、うまくいかなくてもあまり気にせず、経験を重ねて少しずつ身につけていきましょう。失敗こそが次のステップ！　という精神が大切です。

もし、気が回らず失礼なことをしてしまった！　というときは、すぐ謝罪しましょう。「昨日は失礼いたしました」とひとこと伝えるだけでも、イメージダウンをかなり防ぐことができます。

そればかりか、むしろ「丁寧なひとだなぁ」と好感度アップになる可能性もあります。

よくある失敗

よくやってしまう失敗例です。このような失敗をしないように注意しましょう。

- ×：うっかり寝坊して *遅刻！
- ×：前日に飲み過ぎて二日酔い！
- ×：相手の名前を間違えて呼んでしまった！

---

*遅刻……事前に定められた開始時刻や日時に遅れること。日本では信用を失ったりトラブルを引き起こす原因にもなる [Late]。

■ 評価がアップする第一印象のつくり方

(1) 表情……第一印象が決め手

　初めて会った人の印象は、最初の数秒で決まってしまいます。その要素は顔つきや服装などさまざまですが、もっとも大きく印象を左右するものは「表情」です。

　あなたも友人や知人と初めて会ったときの、相手の表情と印象を思いだしてみてください。いろいろな表情から受ける一般的な第一印象は以下のとおりです。

・自然な笑顔の人　　　　　　　　　……感じがいいな！
・暗い表情の人　　　　　　　……疲れているのかな？
・無表情の人　　　　　　……なんだかとっつきづらいな！
・威圧的な目つきの人……うわぁ、怖いなあ〜、苦手！
・目線を合わせようとしない人
　　　　　　　　　　　　……人づきあいが苦手なのかな？
・不自然な笑顔の人　……不気味！　何か下心がありそう

　しかし、意識して自然な笑顔をつくることは、意外とむずかしいものです。しかも、仕事で初対面の相手に会うとなると、ベテランでも緊張するものです。

　初めて人と会うときは、「とにかくいい仕事をしたいと思っています！」という気持ちで、あいさつするようにしましょう。

　気持ちは自然と表情に表れるので、きっと好印象をもってもらえることと思います。

また、緊張してとても硬くなっているときは、正直に「実は緊張しているもので……」などと最初に伝えてしまうのも1つの方法です。開き直ることで反対にリラックスでき、相手も「だから表情が硬いんだな！」と納得することができます。

　表情が固まらないコツをお教えしましょう。

　長時間パソコンや機械に向かったままでいると、無表情な顔つきが固まってしまいます。また、ひとりで電車に乗っているときは、無意識のうちに疲れた顔になっていたりします。

　こうしたときの表情の固まりや疲れた顔をほぐすための対策としては、いつも小さな鏡をカバンなどに入れてもち歩いたり自分のデスクに置くなどして、社内外の人と会話する前に一度、鏡で自分の表情がどのように

なっているのか、チェックする習慣を身につけておくとよいでしょう。

　社外での打ち合わせ、外回りの仕事などで外を歩くときはお店のショーウィンドウや地下鉄、バスなどの窓ガラスを鏡の代わりとして、訪問先への到着前に自分の表情や姿勢をチェックする習慣をつけておくとよいでしょう。

　この習慣により、表情に関する悩みは大幅に解消されるはずです。

──────【MEMO】──────

表情のチェックリスト

- □ *眉間にしわを寄せるクセがないか？
- □ 疲れているとき、口もとが下がっていないか？
- □ 目つきが悪いといわれることがないか？
- □ アイコンタクトができているか？
- □ 目をキョロキョロさせるクセがないか？
- □ 焦点の定まらない目で人の話を聞いていないか？
- □ 人をにらむクセがないか？
- □ いつもニヤニヤしているといわれることがないか？
- □ 笑顔が不自然といわれることがないか？
- □ *喜怒哀楽の感情を表に出し過ぎていないか？

---

*眉間……「まゆ」と「まゆ」の間。気持ちの状態や快・不快などの心の状態があらわれるといわれる。

*喜怒哀楽……人のもっている喜び、怒り、悲しみ、楽しみなどのさまざまな感情［Emotion］。

(2) 職場で大切な話し方

　きちんと「丁寧な言葉」を遣っているから大丈夫！　と思っていても大人の言葉遣いができていなければ台無しです。気持ちを職場モードに切り替えて、印象度アップをめざしましょう。

　適さない話し方（×）と適した話し方（◎）を紹介します。

●若者言葉

× :「ていうか、Ａ君が自分でやる的なことをいってました」
◎ :「たしか、Ａ君が自分でやるというようなことをいっていました」
× :「やっぱ○○は、マジやばいっすよね」
◎ :「やはり○○は、とてもすごいですよね」
× :「Ｂさんの話、チョ～うける！」
◎ :「Ｂさんの話、とても面白い！」

●子供っぽい話し方

× :「それって、私は○○じゃないかなっ？　と思ったんですよね」
◎ :「その件について、私は○○ではないかなと思いました」
× :「やだぁ～、私、またやっちゃいました」
◎ :「申しわけございません。私のミスです」

●いらないところに「です」をつける

×：「どうもです」
◎：「どうもありがとうございます」
×：「明日よろしくです」
◎：「明日よろしくお願いします」

●語尾を伸ばす

×：「えーっ。でも～、私は○○だと思いますし～」
◎：「なるほど。ですが、私は○○だと思います」

●アバウトな表現

×：「○○ではダメみたいな感じです」
◎：「○○では不可とのことです」

次は印象を悪くする話し方です。

●早口で話す

早口であることを「長所」だと思っている人がいますが、早口でもよいのは同僚など、あらかじめ意思疎通ができている相手と話す場合です。

社内でプレゼンテーションをおこなうときや、訪問先で自社のサービスや商品を説明する場合などは、相手に十分な知識や情報がない状況ですから丁寧にわかりやすい言葉

でゆっくり話すことが思いやりといえます。とくに高齢のお客様などと話すときは、とりわけ丁寧に、わかりやすい言葉でゆっくり話すことを心がける必要があります。

●声が小さく、滑舌が悪い

声が小さいとそれだけで「元気がない」「やる気がない」といった印象を与えてしまいます。大声を出す必要はありませんが、相手がきちんと聞きとれる大きさの声で話すことを意識しましょう。また、ミーティングやプレゼンテーションで声が小さいと、自信がなさそうな印象を与えてしまいます。声が小さくなったり、言葉がつっかえたりしないよう、事前に口の運動やリハーサルをしておきましょう。

滑舌とは一般的に、話すときの発音や滑らかさのことをいいます。滑舌が悪いと言葉そのものが聞きとりにくく、好印象をもたれにくいので、はっきりと発音するように意識しましょう。

●相手の話をさえぎったり、いきなり話題を変える

話を途中でさえぎられれば、誰でも気分が悪いものです。相手の話を最後まできちんと聞くという姿勢は、会話の基本的なマナーです。また、いきなり一方的に話題を変えてしまうことも、失礼にあたります。

●一方的に話し続ける

会話に大切なことは "キャッチボール" のようなやりとりです。「私はこうですが、あなたは？」という「互譲」

の基本姿勢を身につけましょう。

相手の話がなかなかとぎれず、こちらの話ができないときは、呼吸のタイミングなどを

利用して、「すみません、そのお話はぜひまた改めてゆっくりお聞かせください。本日は○○について、お話しさせていただきたいと思いまして」などと、失礼のない言い方

話し方のチェックリスト

□ 早口で話すクセがないか？

□ 人の話を聞かず、自分ばかり話していないか？

□ 相手の話をきちんと聞き、うなずいたりあいづちをうったりしているか？

□ 相手の問いかけに対し、きちんとリアクションできているか？

で＊軌道修正をはかりましょう。

　話し方をうまくするための簡単なトレーニング法には以下のようなものがあります。

●鏡をみながら「ア・イ・ウ・エ・オ」と声に出し、滑舌よく発音する。

●早口言葉を練習する。
　・バスガス爆発
　・赤パジャマ　黄パジャマ　茶パジャマ
　・かえるぴょこぴょこ三ぴょこぴょこ
　　あわせてぴょこぴょこ六ぴょこぴょこ

●新聞や本を音読する（声に出して読む）。

●音読したものを録音して、その発音やスピードをチェックする。

●１日の出来事や面白かったことなどを、友人などに話して反応をみる（友人などがあきずに面白がって聞いてくれたら、あなたは「話し上手」です）。

(3) 立ち居振る舞い（アクション）

　立ち居振る舞いとは、立ったり座ったりするなどの動作

_ _ _ _ _ _ _ _ _ _ _ _ _ _ _ _ _ _ _

＊軌道修正……話題や仕事の進むべき方向のずれを正すこと。

をいい、洗練されているかどうかが表れやすい要素といえます。

　周囲の人の様子を観察してみると、洗練されている印象の人とそうでない人がいます。洗練されている印象の人は、いつも姿勢がよかったり靴の脱ぎ方やものの受け渡しの仕方が丁寧だったりしませんか？　手本となる人をよくみて学び、実践しながら身につけていくことがポイントです。

　立ち居振る舞いを意識している人は少ないと思いますが、まずはあいさつの仕方や、入退室の仕方、イスの座り方などをしっかり習慣づけましょう。また、パソコンやスマートフォンなどを使う時間が長いと骨格が歪んだり猫背になったりしがちなので、自分の姿勢や立ち姿を鏡に映したり写真に撮ったりして、ときどきチェックしてみることも必要です。基本となる

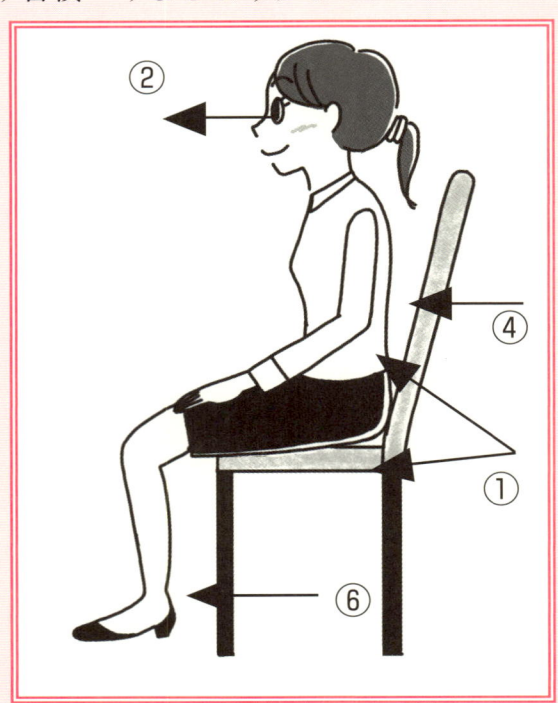

立ち居振る舞いは姿勢と立ち姿、座っているときの姿、あいさつなどです。

● 面談するときのイスの座り方（前ページの図）

① 浅めに腰掛け、背もたれによりかからない。

② 正面を向き、あごを引いて猫背にならないよう気をつける。

③ 男性は足を広げすぎない。膝の隙間はこぶし1つ分程度。

④ 肘掛けがあっても肘を掛けない。

⑤ 肘掛けにスマートフォンや筆記用具など、ものを置かない。

⑥ 踵をしっかり床までつける。

⑦ 机に片肘をつかない。

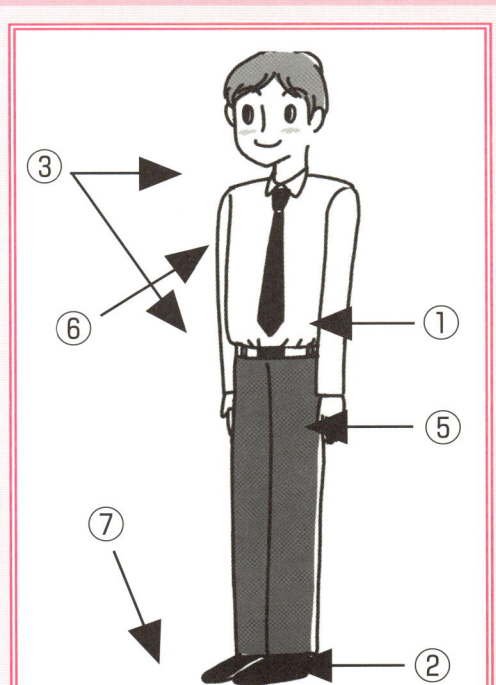

● 立つときの姿勢（左の図）

① 背筋を伸ばして立つ。

② 体重は両足に平均的にかける。

③ あごを引き、おなかを出さない。

④肩の力を抜き、左右の高さをそろえる。

⑤男性は両手を脇に指先はまっすぐ自然に、女性は前で軽く両手を組む。

⑥胸は張り過ぎない（威張ってみえる）。

⑦つま先は少し開く。

⑧後ろに壁があってももたれない。

●人の話を聞くとき

①イスには浅めに腰掛け、相手が話し始めたら上半身をやや前傾に。

②適度にアイコンタクトをとり、視線や手足を不必要に動かさない。

③机や肘掛けに肘をついたり、手にあごをのせない。

④背もたれに寄りかかったり、足を組んだりしない。

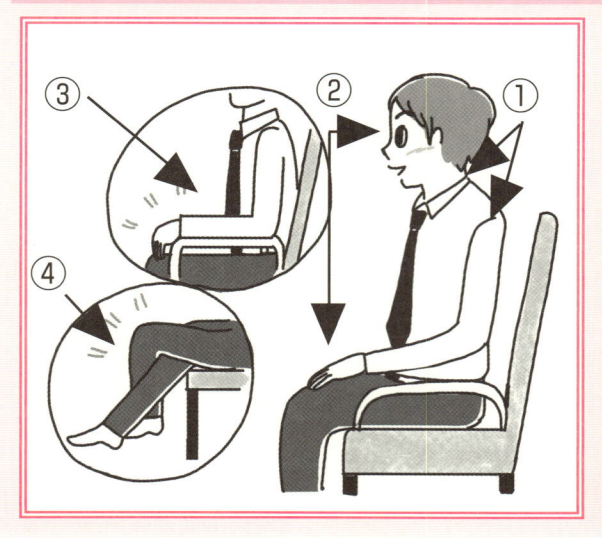

⑤メモをとりながら（下を向いたまま）会話をしない。

⑥メモをとるときも、必ず合間にアイコンタクトをとる。

⑦話を聞きな

がらメールチェックをしたり、時計を見たりしない。

●ものの受け渡しをするとき

①相手の目を見ながら、両手で受け渡しをする。
②書類は相手の向きに差し出す。
③近くにいる相手でもイスから立って渡す。
④胸から上の高さで渡すと、より丁寧な印象になる。
⑤相手が手を出したりしているのに机の上に置いたりしない。
⑥忙しくても丁寧に受け取る。乱暴に受け取ると印象が悪いだけでなく、相手が紙の端で手を切ったりすることがあるので注意する。
⑦記入をお願いするときは、ペンのキャップをとり、ペン先ではなくグリップのほうを相手に向けて渡す。
⑧先の尖ったものを相手に向けない。

(4) 服装 (TPO)

　あなたは「TPO」という言葉を聞いたこ

立ち居振る舞いのチェックリスト

☐ 壁などにもたれて立つクセがないか？

☐ ポケットに手を入れて歩くクセがないか？

☐ 人に向けて指をさすクセがないか？

☐ 手や指の関節を鳴らすクセがないか？

☐ 首先だけであいさつをしていないか？

☐ 頬杖をついて相手の話を聞いていないか？

☐ 靴を脱いだとき、向きを変えるのを忘れていないか？

☐ ドアを開け閉めするとき、肩やつま先で押さえていないか？

☐ 書類を机に置くとき、放り投げるようにしていないか？

☐ 人にものを渡すとき、相手を見て手渡しているか？

とがありますか？　T = Time（時間）、P = Place（場所）、O = Occasion（場合）の頭文字をとったもので、「時間と場所、場合を考えた」服装をすべきという概念を指しています。

　TPOと似ていてニュアンスの異なるものに「ドレスコード」があります。ドレスコードは「服装規定」を意味し、カジュアル服をドレスコードとするパーティなどもありますが、高級レストランなどではジーンズや短パン、サンダルなどカジュアル服での入店を断られることがあります。

　職場での服装は制服またはスーツが基本です（ややカジュアル寄りのビジネス・スタイル「ビジカジ」をOKとしている職場も増えています）。技術職など社外の人と会うことの少ない人は、スーツでなくてもよいとしている会社もありますが、その場合も家の中と同じような服装でよいということはあり得ません。大切なことは「公私の切り替え」がきちんとできるようになることです。
　美容師やネイルアー

ティスト、デザイナーのような業種・職種の人は自由な服装をしていますが、彼らは単に自由というのではなく、戦略として「センスのよさ」をアピールする必要がある業種・職種だからこその服装なのです。

　どのような職業でも、服装は重要な要素といえます。

　しかし、最近では「ある程度カジュアルでOK！」という職場も増えています。そこでどこまでカジュアルでよいのか悩む人も少なくないようです。

●NG（してはいけない）アイテムを知っておこう！
　一般的にどんなオフィスでもこれはNG！　というものが以下のとおりです。

・スニーカー、サンダル
・ジーンズ

- レギンス
- クールビズの期間以外のノーネクタイ
- 襟のないカジュアルなトップス（Tシャツなど）
- ノースリーブ（タンクトップ・キャミソールなど）
- 下着がみえそうなアイテム（透ける素材、ローライズ、ミニスカート）

OKの場合があるのは、以下のようなものです。

- 襟のあるカジュアル服（ポロシャツ、ボタンダウン）
- ノーカラージャケット
- 半袖ジャケット
- 袖のあるワンピース

実際は職場によって異なるので、上司や先輩にアドバイスしてもらいましょう。

● 「クールビス」ってどんな服装をすればいいの？
　クールビズは環境省が提唱しているものでCO_2の削減や節電を目的に、夏のエアコン設定温度を28℃にするとともに、その環境でも快適に過ごせるような「クールファッション」を推奨するものです。
　最近は、夏の最高気温が40℃近くまで上昇することが珍しくなくなったこともあり、男性の場合、6月から9月までの4カ月間はノーネクタイや半袖のYシャツでOKとすることを、一般的に「クールビズ」というようになっ

てきています。ただ、女性の場合、いくら「クールビス」といっても素足はマナー違反です。たとえば、パンツの下にソックス丈のストッキングを穿くなどして、自分に適した工夫をしましょう。ついでに冬は寒いからとブーツを履いて訪問先へ行ったり、マフラーをつけたままあいさつすることもNGです。人前で注意されたりすると、恥ずかしい思いをすることになりますから、十分に気をつけてください。

【MEMO】

(5) 好感をもたれる身だしなみ

　身だしなみとは、ほかの人に不快感を与えないような言動や服装を心がけることをいいます。自分をよりよく見せるための服装が「おしゃれ」だとすれば、「身だしなみ」は、ほかの人のためにするものだといえます。

　好印象をもってもらうための身だしなみのポイントは次の3つです。

- ・清潔感
- ・控えめなヘアスタイルやファッション
- ・機能的（働きやすい）

　清潔感や不潔感は身体だけではなく、服装や髪型、身の回りのものなどからも伝わります。まめにお風呂に入っていても、シミの付いた服やバッグ、小物を身につけている、靴を脱いだときに臭いがするなどは、イメージダウンになってしまいます。神経質になり過ぎるのも問題ですが、最低限の身だしなみは心がけましょう。

　ヘアスタイルやファッション、メイクなどは好みやトレンドに応じて楽しみたいところですが、ビジネスの場では派手過ぎる色や柄ものは、やはりふさわしくありません。

　なお、メイクについてはいろいろな考え方があります。そのままで美しいのであれば、あえてメイクをしなくてもよいかと思いますが、社会人の身だしなみとして最低限のメイクはすべきだ（必要だ）という人もいます。後者の考え方は、「メイクをすること」が人前に出る心がまえを表

しているという考え方です。

　いずれにしても、ヘアスタイルやファッションと同じように、メイクも控えめにする心がけがポイントといえるでしょう。機能性については、たとえば女性の場合、ヒールが高過ぎる靴や長過ぎる爪など、仕事がしにくいスタイルを避けるということです。

よくある失敗・身だしなみ編

×：全身バッチリのはずだったのに、鼻毛が出ていた！

×：パンツやスカートのファスナーが開いていた！

×：素足でも気づかれなければ平気と思ったら、訪問先がスリッパに履き替えるオフィスだった！

×：お座敷に上がるとき、ソックスの穴がバレバレだった！

×：色の濃い下着が透けて見えていた！

×：ネイルアートを落とし忘れていた！

──────【MEMO】──────

身だしなみのチェックリスト

■生活習慣

- □　入浴やシャワーの習慣はついているか？
- □　定期的にヘアサロンに行っているか？
- □　Ｙシャツなどのクリーニングは万全か？
- □　インナー、ソックスなどの数は足りているか？
- □　穴のあいたソックスをそのまま穿いていないか？
- □　規則正しい生活を送っているか？
- □　服のポケットやバックにゴミがたまっていないか？

■毎朝のチェック

- □　＊無精ひげが伸びていないか？
- □　寝ぐせがそのままになっていないか？
- □　目は充血していないか？

- -

＊無精ひげ……ひげを剃った状態を放置し、そのままにした状態（だらしない）。

- [ ] 目ヤニがついていたり、鼻毛が出たりしていないか？
- [ ] 爪が汚れていたり、伸び過ぎていないか？
- [ ] ネクタイは曲がっていないか？
- [ ] 靴が汚れていたり、臭っていないか？
- [ ] パンツやスカートのファスナーを上げ忘れていないか？
- [ ] ボタンがとれかかったり、ほつれている箇所はないか？

■日中のチェック
- [ ] メイクが崩れていたり、マスカラがにじんで "パンダ目" になっていないか？
- [ ] 食後、口のまわりが汚れていたり、歯の隙間に食べ物が挟まっていないか？
- [ ] 食後、服に汚れがついていないか？
- [ ] 外回りを終えたあとの汗の臭いがきつくないか？
- [ ] ストッキングが破れていないか？

(6) 明るく相手に伝わるあいさつ

　明るく感じのよいあいさつができるかどうかは、第一印象を大きく左右します。好感度アップのためのあいさつのポイントは、次のとおりです。

・明るい笑顔で
・相手に聞こえる声の大きさで
・自分から先に
・相手の目を見て

○…相手の目を見ながら伝える。
○…伝えたあとで頭を下げる。

×…相手の目を見たまま頭を下げる。

おはようございます

おはようございます

NG

　サービス業の経験のある人は、毎朝のように「いらっしゃいませ」「少々お待ちください」といった、あいさつの唱和を経験しているのではないでしょうか。職場では、それが以下のようなあいさつに変わって、日常的に交わされることになります。

・おはようございます
・お世話になっております
・ありがとうございます
・お疲れさまです
・失礼いたします
・今後ともよろしくお願いいたします

●あいさつ例①　訪問先で初対面の人に会った場合
　上司からの紹介を受けて、先方より先に名乗ることがマナーです。

上司「こちらは弊社の新人で、今月から××を担当させ
　　　ていただいております」
自分「初めまして。A社B部C課の○○○○（フルネーム）と申します。入社したてで不慣れなことも多々
　　　ございますが、御社のお役に立てますよう精一杯
　　　がんばります。そうぞよろしくお願いいたします」

●あいさつ例②　社外からの電話に出る場合

自分「はい、A社B部C課でございます」
　　「いつもお世話になっております」
　　「承知いたしました。D社E部F課の○○○○（フ
　　　ルネーム）様ですね。○○が戻り次第、折り返し
　　　ご連絡するよう申し伝えます。私はC課の○○と
　　　申します。失礼いたします」

●正式なお辞儀を身につけよう！

　あいさつとともに大切なこと、それは「お辞儀の仕方」です。お辞儀は、ただ頭を下げればよいというものではありません。なぜなら相手への敬意や思いやりの気持ちを態度と心で表すものがお辞儀だからです。

　上体を傾ける角度によって、会釈、敬礼、最敬礼の3つに分類されます。「おはようございます」「失礼いたします」と伝えたあとで、頭を下げるのが正式なあいさつです。

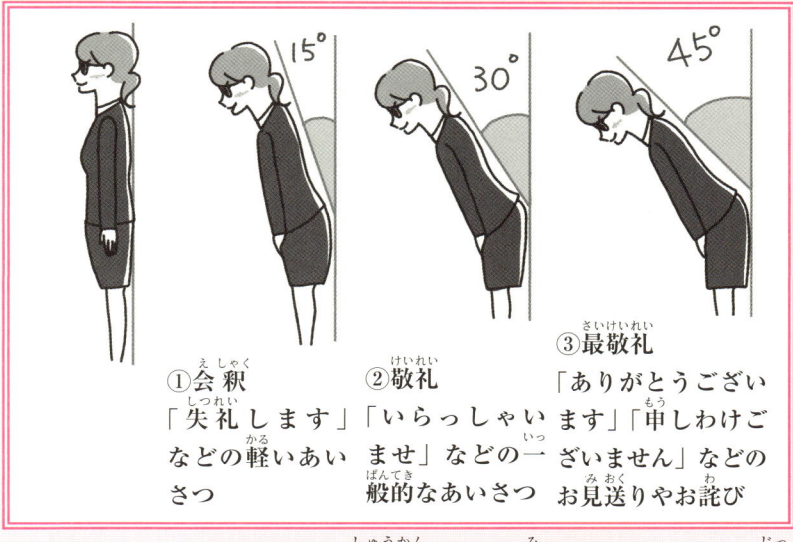

①会釈
「失礼します」などの軽いあいさつ

②敬礼
「いらっしゃいませ」などの一般的なあいさつ

③最敬礼
「ありがとうございます」「申しわけございません」などのお見送りやお詫び

　きちんとしたあいさつを習慣として身につけるには、実践を含めて何度も練習をすることがいちばんです。

●トラブル解決のための謝罪の仕方

　あいさつに関連して、「謝罪の仕方」も知っておきましょう。

仕事をするうえでトラブルは避けて通れません。ちょっとした誤解がもとで生じる小さなトラブルから、契約すべてを解消されてしまいかねない深刻なものまで、さまざまな局面が想定されます。

お詫びをするときに伝えるべき内容はいくつかありますが、もっとも大切なことは「ご迷惑をおかけして申しわけございません」という気持ちをただひたすら、それも正面からストレートに伝えることです。

● 謝罪例① 連絡の行き違いなど、ちょっとしたトラブルの場合

「確認不足でこのようなことになり（トラブルの理由）、誠に申しわけございません（お詫び）。
　以後、このようなことが二度とないよう十分注意いたしますので（対策）、どうか今後ともよろしくお願いいたします（お願い）」

→相手の目をしっかり見ながら、謝罪の気持ちを伝えてから最敬礼します。

● 謝罪例② 一時的な出荷の遅れなど、先方の業務に影響するトラブルの場合

「台風の影響で物流が途絶え一時的に出荷が遅れてしまい（理由）、たいへん申しわけございません（深くお

詫び）。
　　ただいま工場の方も休日返上で発送業務にあたっております（対策）。明日中に必ず御社へ納品いたしますので（確約）、たいへん恐縮ですが、いましばらくお待ちくださいませ（お願い）」

→謝罪例①と同様、相手の目をしっかり見ながら、謝罪の気持ちを伝えてから深々と最敬礼をします。

●謝罪例③　契約を解消されかねないトラブルの場合
　　まずは、上司に正直に報告しましょう。
　　そして上司とともに取引先を訪問し、いっしょに謝罪をします。先方の怒りがどうしても収まらない場合は、ドラマの中の話ではありませんが、まれに土下座をして謝罪しなければならないケースもあり得ます。
　　このようなことにならないためにも、常に誠実な態度を心がけ、こまめに確認作業をおこなうことが大切です。

よくある失敗・あいさつ編
×：「ありがとうございました〜」とだけいって去る
　　　　　　　→　お辞儀を知らないのですか？
×：首から上だけのあいさつ
　　　　　　　→　先方は君の友だちじゃない！
×：声が小さい
　　　　→聞こえないのは、言わないのと同じこと！
×：先方の目を見ない　→　何か不満でもあるのですか？

(7) 信頼されるための言語 3 原則

　職場では正しい言葉遣いが求められます。上司や先輩、後輩や取引先から信頼される人になるためにも、言葉遣いや敬称、敬語の使い方を身につけ、適切に使い分けるようにしましょう。

●その① 正しい言葉遣い

　ビジネスの場で家族や友人と話すときのような言葉を遣うと、子供っぽい印象を与えてしまいます。とくに社外の人と話すときやビジネス文書をまとめるときには、次のように言い換えるのが一般的です。

- 昨日（きのう）　→　昨日（さくじつ）
- 去年　→　昨年
- 今日　→　本日
- 今年　→　本年
- 明日（あした）　→　明日（みょうにち）
- 来年　→　明年
- このあいだ　→　先日、先般
- いま　→　ただいま
- あんな　→　あのような
- そんな　→　そのような
- ちょっと　→　少々
- ものすごく、とっても　→　たいへん
- あっち　→　あちら
- こっち　→　こちら

・相手方　→　先方
・自分方　→　当方
・あなたの会社　→　御社、貴社
・うちの会社　→　当社、弊社

──────【MEMO】──────

あいさつと謝罪のチェックリスト

- ☐ あいさつそのものを忘れていないか？
- ☐ 自分から進んであいさつする習慣が身についているか？
- ☐ アイコンタクトができているか？
- ☐ 気持ちを込めてあいさつできているか？
- ☐ 作業をしながらのあいさつになっていないか？
- ☐ 「ありがとうございます」を「どうも」ですませていないか？
- ☐ 相手が立っているのに座ったままあいさつしていないか？
- ☐ 朝のあいさつが寝ぼけた印象や疲れた印象を与えていないか？
- ☐ オフィスに出入りの配送業、清掃業の人にもあいさつできているか？
- ☐ 理由なく「すみません」という言葉を繰り返していないか？
- ☐ 謝罪の気持ちがきちんと相手に届いているか？

●社会人らしい言い換えの例

「いまコピーをとるんで、そっちでちょっと待っててください」

　この例文は、オフィスの場などで先輩やお客様に対しての言葉遣いとしては不適切です。以下のように言い換えましょう。

①先輩に対して
「いま私がコピーをとりますので、そちらで少しお待ちください」

②お客様などに対して
「ただいまコピーをおとりしますので、そちらで少々お待ちくださいませ」

　また職場では自分やほかの人の家族を呼ぶときも、適切な言い換えが必要です。具体的には以下のようになります。

●自分の家族の言い換え（よく使われるのでしっかり覚えましょう）

・旦那さん　→　夫
・奥さん　→　妻
・お父さん　→　父

・お母さん → 母
・おじいさん → 祖父
・おばあさん → 祖母
・お兄さん → 兄
・お姉さん → 姉

●ほかの人の家族の言い換え

・旦那さん → 旦那様
・奥さん → 奥様
・お父さん → お父様
・お母さん → お母様
・おじいさん → おじい様
・おばあさん → おばあ様
・お兄さん → お兄様
・お姉さん → お姉様
・息子 → 息子さん、ご令息
・娘 → お嬢さん、お嬢様

●その② 敬称（〜さんの替わりに使う）

①○○様

「○○さん」を敬称にしたものです。ただし「社長」や「専務」などの役職名は「先生」と同じく一種の敬称なので、あとに「様」はつけません。あえてつける場合は「社長の○○様」などの言い方や表記になります。

②○○各位

「各位」とは「皆様」というような意味で、複数の相手に宛てる文書に使います。メールでもCCやBCCで送る場合は、宛名を「関係者各位」などとします。

③○○御中

　企業や団体、部署などの組織に宛てて「その組織の中のどなたか」に宛てる文書に使います。個人宛の場合、「御中」はつけません。

×：株式会社○○様
◎：株式会社○○御中
×：株式会社○○営業部各位
◎：株式会社○○営業部御中
×：株式会社○○御中　田中一郎様
◎：株式会社○○　田中一郎様

―――――――【MEMO】―――――――

● その③　敬語（相手の立場によって使い分ける）

　敬語には①美化語、②丁寧語、③尊敬語、④謙譲語の4つがあり、相手の立場によってそれぞれを使い分ける必要があります。

①美化語

　「箸→お箸」とか「めし→ご飯」とかのように、名詞の前に「お」や「ご」をつけたものを美化語といいます。

　ものごとを美化するためのものなので、相手を立てるための尊敬語とは異なります。たとえば、ビジネスの場では「お電話」「お名刺」「お打ち合わせ」などといいます。

　ただし、名詞なら何にでもつけるというわけではなく、美化する習慣のないものにまでつけるのは適切ではありません。たとえば、メールやファックスなど、カタカナ語にはつけません。なぜなら、美化語をつけると「おメール」「おファックス」など、おかしな日本語になってしまうからです。

②丁寧語

　「〜です」とか「〜ます」、「〜ございます」などのように、語尾をつけて敬意を表すものが「丁寧語」です。「高い」や「う

58

れしい」などの形容詞には通常、「〜ございます」をつけて「高うございます」「うれしゅうございます」といいますが、最近では「高いです」「うれしいです」のように、「〜です」でも抵抗を感じない人が増えているので、そのように使ってもいいでしょう。

　さらに、「〜ください」とか「〜くださいませ」なども、ビジネスの場でしばしば使います。これらも、自然にいえるようにしましょう。

接客時対応の 7 大ポイント丁寧語

① 「いらっしゃいませ」

② ：◎「かしこまりました／承知いたしました」
　　×「わかりました」

③ ：◎「少々お待ちくださいませ」
　　×「ちょっと待ってください」

④ 「お待たせいたしました」

⑤ ：◎「申しわけあり（ござい）ません
　　×「ごめんなさい」

⑥ ：◎「恐れ入ります／恐縮です」
　　×「すみません」

⑦ 「ありがとうございます」

③尊敬語

　上司や取引先の人など相手を立てるべきときに使うものが「尊敬語」です。

- 「○○さんは忙しい」→「○○さんはお忙しい」
- 「先生は何でもよく知っています」→「先生は何でもよくご存知です」

のように、形容詞や動詞の前に「お」や「ご」をつけます。

　また、「〜する」は「お〜になる」または「〜される」となります。たとえば、

- 「○○さんが企画書を読む」→「○○さんが企画書をお読みになる／○○さんが企画書を読まれる」
- 「○○さんが製作を担当する」→「○○さんが製作をご担当になる／○○さんが製作を担当される」

などです。

　敬語は本項の冒頭で触れたとおり、あくまで「相手を立てるべきときに使うもの」なので、自分や自分の身内に対しては決して使いません。また、本来ならば立てるべき人（具体的には自社の社長など）であっても、社外の人に社内の人のことを伝える場合、社内の人は自分の身内となるので、やはり尊敬語は使いません。したがって、

- 「私の父は社長をご存知でいらっしゃいます」とはいわず、「私の父は社長を存じあげております」といい、
- 「社長はまだお戻りになっていません」は「社長の○○はまだ戻っておりません」と伝えることになります。

　次にあげる言葉を尊敬語に言い換える場合、特定の言い換え方がありますので、ここで覚えてしまってください。

・行く、いる　→　いらっしゃる／おいでになる
・くる　→　いらっしゃる／おいでになる／みえる
・見る　→　ご覧になる
・言う　→　おっしゃる
・する　→　なさる
・食べる、飲む　→　召しあがる
・くれる　→　くださる
・着る　→　お召しになる

よくある間違い

×「ご利用できません」
　尊敬語ではありません。正しくは「ご利用になれません」
×「了解いたしました」
　尊敬語ではありません。正しくは「承知しました」あるいは「かしこまりました」
×「おっしゃられる」
　尊敬語ではありません。正しくは「おっしゃる」
×「田中様でございますね」
　正しくは「田中様でいらっしゃいますね」

④謙譲語
　謙譲語は相手を立てる場合に自分やものなど、立てる必要のないものを＊へりくだっていうときの言葉です。「部下

がまいりました」「バスがまいりました」のように、自分ではない第三者やものに対して使う場合もあります。
　謙譲語には次のような特定の言い換え方があります。尊敬語と同様、覚えてしまいましょう。

－－－－－－－－－－－－－－－－－－－－－－－－

*へりくだる……相手を敬って自分を控えめにする。

──────【MEMO】──────

・行く　→　伺う、まいる
・言う　→　申し上げる
・会う　→　お目にかかる
・あげる　→　さし上げる
・もらう　→　いただく
・読む　→　拝読する
・聞く　→　拝聴する
・受け取る　→　拝受する
・する　→　いたす
・いる　→　おる

二重敬語に注意

一般的に、二重敬語は適切でないとされています。
・「お読みになられる」は「お読みになる」（読まれる）が適切
・「ご利用される」は「ご利用になる」（利用される）が適切

　ただし、習慣として定着している二重敬語もあります。
・「お召しあがりになる」「おみえになる」など
　また、敬語に敬語を重ねたものは「許容」となっています。
・「お読みになっていらっしゃる」「お読みになっていただく」「ご案内してさしあげる」など

(8) カドが立たない伝え方

　敬語に関して「カドが立たない伝え方」も知っておきましょう。

たとえば、相手に頼みごとをするとき、いきなり要求するのではなく、「前置き」をすると引き受けてもらいやすくなります。

●相手に迷惑をかけるようなとき —— 前置きを

相手に迷惑をかけるようなときは、次のような前置きをしましょう。

・お忙しいところ恐縮ですが〜
・申しわけございませんが〜
・ご面倒（お手数）をおかけしますが〜

●頼みごとをするとき —— 柔らかい表現に

「〜してください」の部分を次のように言い換えましょう。

・〜していただけますでしょうか
・〜していただければ幸いです
・〜していただけると助かります
・×：早めに返信をお願いします
　◎：お忙しいところ恐縮ですが、お早めにご返信いただければ幸いです。どうぞよろしくお願いいたします

●頼みごとをするときの注意 —— 相手への気遣いを

・相手に負担がかかりすぎないようにする

・受けてくれそうな状況であることを確認する

・内容によってはメールや電話ではなく、直接会ってお願いする

・「恐縮ですが」のひとことを必ず添える

・なぜお願いするのか「理由」を伝える

・×：ちょっと急ぎだから手伝って！

　◎：申しわけないけど手伝ってもらえるようだったら、明日の10時までにコピー30部をとって、私のデスクの上に置いておいてもらえないかな？

●自分の意思を伝えるとき ── 「いかがでしょうか？」

　自分の意思を伝えるときには「私はこう思います」と言い切るのではなく、最後に相手の考えを求めることで、自分が相手の意思を尊重する気持ちがあることを伝えることができます。

・「私はA案がよいと思うのですが、○○さんはいかがでしょうか？」

　ネガティブなことを伝える場合は、さらに細やかな配慮が必要です。

・×：「御社の提案は却下されました。すみません」

　◎：「残念ながら御社のご提案は採用を見送らせていただくことになりました。これに懲りず、今後ともよろしくお願いいたします」

●NOというとき ── やんわりと、そして代案

いきなり「NO」というと、相手に拒否・拒絶の印象を強く与えてしまいます。

・「したいのですが、あいにく……」という気持ちを言葉にして、拒否・拒絶ではないことを伝える

・「先約がある」など、受けられない理由をサラッと伝える

・「○○ならOK」「○○ならどうか」など、代案を伝える

・×：「すみません。○○できません」

◎：「お誘い、ありがとうございます。たいへん残念なのですが、本日あいにく所用があり、参加できません。○日以降なら、スケジュールに余裕がありますので、またの機会にぜひお声がけください」

◎：「誠に恐縮ですが、そのようなご要望にはお応えできかねます。お客様のご要望とは少し異なりますが、こちらではいかがでしょうか」

◎：「あいにくですが、当社ではそのようなサービスはおこなっておりません。○○についてでしたら、ご要望にお応えできるのですが」

──────【MEMO】──────

第3章
だい　しょう

仕事力を高める
し ごとりょく　たか

「ステップアップしよう」

■電話の対応

(1) 失敗をおそれるな

「ルルー、ルルー」オフィスの電話が鳴っています。その瞬間ギクッとする人は案外多いようです。オフィスの電話は、たいてい同じ部署の手の空いている人がとるようなシステムになっています。新人が電話をとることを嫌がるのは、普通は以下のような理由によります。

①相手がどういう立場の人かわからない
②相手の言っている用件の意味がわからない
③対応に慣れていないので冷や汗をかいてしまう

　これらの理由をみて、すぐにわかっていただけると思いますが、①～③のいずれをとっても、実際に経験を積まないとなかなか解決しない問題なのです。ですから、少々の失敗でガッカリしないで、積極果敢に電話をとっていくことが大切です。

「ルルー、ルルー」
「はい○○商事です」
「ああ、こちらは△△産業ですけどね、これからおたくにうかがいたいんですよ。今、××橋の交差点にいるんだけど、どうやって行けばいいのかねえ」
「え、えーと、あのう……」

　当然、新人のうちはスラスラ道順を説明することはできません。この電話の△△産業の人のしゃべり方はわりとせっかちで、こちらと調子を合わせてくれないタイプのようです。そうすると、電話を受けた新人はますますあがってしまいます。しかも、相手はだんだんイライラして、結局、こんなことになってしまいます。

「ああ、あんたの説明じゃわかんないよ。だれかわかる人は側にいないの？　じゃあもういいよ。通行人に聞くから」

　電話で道順を聞いてくる人にもいろいろなタイプがあります。せっかちな人もいれば、クドクドと神経質に確認してくる人もいます。それらに対して、最初のうちは対応に迷うのも当たり前のこと。
　つまり、一度そういう質問にぶつかったらそれをきっかけに「正しい道順の教え方」のフォーマットを先輩に教えてもらい、しっかり頭にいれてしまうことです。基本さえしっかりしていれば、誰に聞かれてもドギマギすることはないでしょう。

(2) 電話のかけ方
　電話のかけ方の基本は以下のとおりです。

・（通常は相手のほうが）「はい、○○産業です」と名乗ってくる」。（それに対して）「こちらは△△商事営業管理部の□□です。いつもお世話になっております」

と名乗る。所属については、あまり複雑なものは相手が困惑してしまうので、省略していうこと。「営業管理部得意先担当チーフマネージャーの□□です」などは「営業管理部の□□です」でよい。

・次の段階として「営業2課課長の××さまをお願いいたします」と相手を指名する。相手の所属・地位などはできるだけ明確に言うこと。

・「はい、××です」と相手が出たら「いつもお世話になっております。△△商事営業部の□□です」ともう一度名乗り、用件に入る。

(3) 電話の受け方
次は電話の受け方です。

・「いつもお世話になっております。△△商事営業管理部の□□でございます」と名乗る。相手が「××課長をお願いします」と言ったら、「営業管理部第3課の××でございますね。ただいまおつなぎしますので少々お待ちください」と言って保留にし、××課長に電話であることを知らせる。なお、相手が自分から名乗らない場合、「失礼ですが、どちらさまですか」と聞くことができる。

・上司にかかってきた電話であれば、「××課長、○○産業の◇◇さまから2番にお電話が入っております」とはっきり告げる。この場合、役員以外に対しては席を立って告げにいく必要はない。

・もし、上司が不在の場合は、相手に次のように言って意向を尋ねる。「恐れ入ります。ただいま××は席を外しておりますので、ご用件は当方で承りますが」。そのあとは相手の希望にしたがう。

※以上は基本形です。電話の対応については、各社それぞれにノウハウがあるので、上司や先輩の指導にしたがってください。

(4) 携帯電話のマナー

　携帯電話も必須のビジネスツールとして活用されています。便利ではありますが、こちらの都合を無視して連絡が飛び込んでくる*傍若無人なところがあります。客先面前での電話連絡は私用・社用を問わず*御法度です。それどころか、携帯電話の着信音自体が失礼にあたります。

　携帯電話は常にマナーモードにしておきます。間違って鳴ってしまった場合には、すぐに電源を落とすか「失礼します」と言って退出後、電話先に後でかけ直す旨を告げて、すぐに戻らなければなりません。いずれの場合も、直後に失礼をお詫びする必要があります。

　社内であっても携帯で電話を受ける場合には、いったんオフィスを退出するのがマナーです。かける場合には上司にお伺いを立ててからにします。ビジネスの現場では、私

＊傍若無人……人前をはばからず勝手気ままにふるまうこと。
＊御法度……一般的に禁止されていること。

用に時間を費やすことは、すべて上司の了解のもとでおこなわなければなりません。

　また電話以外の用途でも、人前で操作するのは避けましょう。どうしても必要なときは「失礼いたします」と一言断りを入れてからにしましょう。

電話対応のチェックリスト

☐ 前項の電話のかけ方・受け方の基本を確実に実践しているか？

☐ 相手に見えないからといって、だらしない姿勢で電話をかけていないか？

☐ 正しい姿勢で相手に聞き取りやすい発音、発声を心がけているか？

☐ 敬語を正しく使っているか？

☐ 相手に不快な感情を与えていないか（「おい、○○社から電話だよ」などと、相手に聞こえるように言っていないか）？

☐ 相手の都合も考えずに電話をかけていないか（昼食時など）？

☐ 電話を受けたら、すぐにメモに手を伸ばす習慣がついているか？

□ 電話が鳴ったら、だれかがとるだろうなどと考えずに積極的にとっているか？

□ 間違い電話をとったときに声を荒げたりしていないか？

□ 自分の仕事に関係する相手の電話番号がキチンと整理されているか？

□ 電話で物品やサービスを注文するときに、相手に正確に型番などを伝えているか（ファクシミリやメールを有効に使っているか）？

□ 電話で注文を受けた場合、注文内容と相手先の担当者の名前などをキチンと確認しているか？

□ 電話で訪問の約束をするときは、日時・場所などを必ず確認しているか？

□ 電話で訪問の約束をとるときは、相手の地位、立場、事情などを考慮して、失礼や無理がないようにしているか？

□ 自分の会社への道順などの基本的なフォーマットは身近においてあるか？

■クレームへの対応

　クレームというとネガティブなイメージが強いものです。

　怒りをぶつけてくるお客様や、無理難題を通そうとするお客様、話を聞いてくれないお客様、こうした困ったクレーマーたちにう

んざりし、ストレスを抱えてしまう人が後を絶ちません。

　しかし、クレームは適切な対応方法を心得ておけば、決して怖いものではありません。苦手意識をもってしまうのは、適切な対応方法を知らず、無防備なまま何とかしようとしてしまうからです。

　そして、クレームは、お客様の思いを知り、サービス向上のヒントを得る貴重な情報源でもあるのです。

(1) クレーム対応の7つのステップ

　それでは、クレーム対応の具体的な方法を紹介します。お客様に納得いただき、信頼を取り戻すためには以下の7つのステップによる対応が効果的です。

①限定的に詫びる　→　お客様の気持ちに共感し、限定的に詫びる

②傾聴　→　お客様の話を傾聴する

③分析　→　内容を冷静に分析する

④具体的に詫びる

　　　→　「何に対する謝罪」なのかを明確にし、具体的に
　　　　詫びる

⑤経緯・理由

　　　→　「何故、起きたのか」を明確にし、経緯・理由を
　　　　述べる

⑥解決策の提案　→　解決策を提案する

⑦御礼

　　　→　解決案に納得、または意見をいただいたことに感
　　　　謝し、御礼を述べる

【ケーススタディ】

たとえば以下のようなトラブルが発生したとします。

飲食店にて宴会コースを予約済みのお客様が６名で来店。案内しようとしたところ、用意していたはずの席には、ほかのお客様が６名おり、すでに宴会コースが始まっていた。確認したところ、新人店員の予約ミスにより、ダブルブッキングをしてしまっていたことが判明。お客様は「予約していたのに、席がないのはどういうことだ」と立腹である。

このケースを前述の７つのステップで解決してみます。

①限定的に詫びる

まずは、不快な思いをさせてしまったことに対し、謝罪の言葉を述べます。「お客様のご不快な気持ち」や「心配をかけてしまったこと」など心情面に限定したお詫びの言葉を述べます。

状況を把握しないままの全面謝罪は、あとでトラブルにつながることもあります。まずは、お客様の気持ちにそった言葉がけをしましょう。

→このたびは、ご不快な思いをさせてしまいまして、誠に申しわけございません

②傾聴

お客様の話を傾聴します。傾聴とは、相手の話を相手が伝えたいままに、正確に理解し、共感的に聞くことです。

お客様が話したいことをすべて話し終わるまで、途中でさえぎらず聞きましょう。

適切なタイミングで、うなずき・あいづちを入れ、お客様の気持ちに共感する姿勢を、態度で表します。

→はい・左様でございましたか
　ごもっともでございます

③分析

お客様の話を、冷静に分析します。

どのような状況で、何が起こり、お客様がもっとも気分

を害しているのは何かを把握することが重要です。

　ここでは6W2H【いつ（When）、誰が（Who）、何を（What）、どこで（Where）、なぜ（Why）、誰のために（Whom）、どのようにして（How）、どのくらい（How much・How mamy）】が有効です。

　すべての項目を確認する必要はありませんが、重要だと思われるポイントはお客様に確認をとりましょう。必要であればメモをとりながら、話を整理します。

→ご予約者様のお名前をお聞かせいただけますでしょうか（Who）
いつ頃、ご予約のお電話をいただきましたでしょうか（When）

④具体的に詫びる

　状況を整理できたら「何に対する謝罪なのか」を明確にし、具体的にお詫びをします。

　ただ「申しわけございません」とやみくもにお詫びをするのではなく「○○してしまいまして、申しわけございません」と具体的な言葉をそえましょう。この「○○してしまいまして」という言葉が、お客様が怒りを感じているポイントをきちんと押さえていることが大切です。

　お客様は、スタッフが自分の状況や心情を正確に理解していることがわかると、徐々に気分が落ち着いてきます。

→このたびは、前もってご予約いただいたにもかかわら

ずご心配をおかけしてしまい、誠に申しわけございません

⑤経緯・理由を述べる（必要に応じて）

　お客様によっては、なぜ、そのようなことが起きたのかを知りたがる人もいます。必要に応じて「なぜ、このようなことが起きてしまったのか」という経緯・理由を伝えます。ときには店舗側の突発的な裏事情がかかわることもあります。そのような場合は「お恥ずかしい話ですが」などクッションの言葉をそえて伝えるようにしましょう。

→お恥ずかしい話ですが、体調不良による欠勤者が出てしまい、ご予約の伝達がうまくいっていなかったようでございます

⑥解決策の提案をする

　不快な思いをさせてしまったお客様の気持ちに寄りそい、できる限りの代案や解決案を示します。

→すぐにお席をご用意いたします。誠に恐縮なのですが、少々手狭な席へのご案内となってしまいます。お詫びといたしまして、お会計から10%分をお引きしたいのですが、いかがでしょうか？

⑦感謝・御礼を述べる

　こちらの提案を了承していただけたら、感謝・御礼を述

べます。深々とお辞儀をし、言葉と態度の両方で感謝を伝えましょう。

> →ご了承いただきありがとうございます。すぐにご案内いたします

　7つのステップは理解できたでしょうか。どのようなクレームに対しても、対応に必要な要素が組み込まれていますので、ぜひ、実際の現場で活用してください。

　ただし、必ずしもこの手順どおり進めなければならない、というわけではありません。

　大切なことはお客様の気持ちに寄りそうことなので、状況やお客様の反応をみながら進めてください。

(2) クレームに対する心の整え方
①クレーム対応時に陥りやすい、心の状態

　クレーム対応の方法を学んでも、実際に怒りをあらわにするお客様を前にすると＊頭が真っ白になってしまう……という声を、よく聞きます。

　確かに、お客様の怒りに巻き込まれ、対応するスタッフ自身も心が乱れてしまうと、適切な対応ができなくなってしまいます。

　クレーム対応時にスタッフが陥りやすい状態として、以

＊頭が真っ白になってしまう……衝撃的な事態に遭遇し何も考えられなくなること。

下のようなものがあげられます。

- 頭が真っ白になってしまう
- 心拍数が上がる
- 指先が冷たくなる
- 足が震える
- 言葉が浮かばなくなる
- お客様に対し、反感をもってしまう

こうした状況に陥ると、冷静な判断ができなくなります。対応の仕方を学ぶとともに、自身の心の整え方を身につけておく必要があります。

②怒りの正体

お客様の感情表現に巻き込まれないためには「怒り」という感情を、客観的にとらえることが肝心です。ここでは怒りの正体を考えてみましょう。

そもそも怒りとは、突然、発生する感情ではありません。その前段階には別の感情があり、二次的に発生するものなのです。そのため、怒りは「二次感情」といわれています。

怒りの前に、「一次感情」があります。一次感情には以下のようなものがあります。

落胆・寂しい・悲しい・傷つき・残念・不安・心配

お客様の怒りの背景にはどんな思いがあったのでしょう。

たとえば、こんな感情が潜んでいます。

・この店が好きだから利用したのに、嫌な思いをしてがっかり……
・良さそうな商品と思って買ったのに、期待はずれでがっかり……
・接客スタッフの態度の素っ気なさに傷ついた……

　こうした、弱々しい感情が前提にあり、それが転じて怒りとなり、強い感情表現として表にあらわれるのです。

・お客様は傷ついている

　ここに意識を向けると、自然と、お客様の気持ちに寄りそうことができ、素直に「嫌な思いをさせてしまい、申しわけなかった」と思うことができるのです。
　すると、お客様の感情表現に巻き込まれることなく、適切な対応ができるようになるのです。

(3) お客様の怒りを緩和する3つの「変」

　対応時の環境を変化させると、お客様の怒りがいったん落ち着くことがあります。状況に応じて以下の3つを変えてみてください。

①人を変える

　初期対応をした人に変わり、店長などの責任者が対応し

ます。責任者がきちんと姿を現し、対応・謝罪をすることで、誠意が伝わります。

②場を変える

　別室や店内の奥など、話を聞く場所を変えます。落ち着いて話ができると同時に、まわりのお客様に不信感を与えてしまうことも防げます。

③時を変える

　その場で解決できないときは、確認するための時間をもらいます。このとき「〇時までには必ずご連絡します」というように、いつまでに連絡するのか、明確に伝えます。

(4) クレームの聞き方

　クレーム対応時には「話の聞き方」にも注意すべき点があります。お客様はナーバスな状態になっているため、対応する者の態度にも、とても敏感です。どんなに誠意をもって聞いても不用意な態度をとってしまうと、それがさらなるクレームを招くこともあるのです。

　お客様の話を聞くときには、以下の点に注意しましょう。

①前傾姿勢

　顔・胸・つま先をお客様に向け、身体を15度ほど前に倒すようにして聞きます。前傾姿勢になることで謙虚な印象を与えると同時に「あなたの話をしっかり聞いています」というメッセージが伝わります。

②共感的な表情で聞く

　お客様の残念な気持ちに寄りそい、表情で示します。少し眉間にしわを寄せ、悲しげな表情で聞きます。間違っても不満げな顔をしたり、無表情で聞いたりしてはいけません。お客様の気持ちを逆撫でしてしまいます。

③アイコンタクト

　通常のアイコンタクトよりも強めに目を合わせます。目の奥からしっかりと見るイメージです。このとき、不自然なタイミングで視線をそらさないこと。お客様に「自信がない」とか「ほかのことに気をとられている」というメッセージとして伝わってしまいます。

④うなずき・あいづち

　要所要所で深くうなずきながら「はい」「左様でございます」「お怒りはごもっともでございます」など、お客様の話の内容に合わせてあいづちをうちます。

⑤メモをとる

　必要に応じてメモをとります。ただしこのとき、メモをとることに集中しすぎないこと。視線はあ

くまでお客様に向け、メモに視線を落とすのは最低限にします。突然書き出すと不快に思うお客様もいますので、ひと言「メモをとってもよろしいでしょうか」と、言葉をそえましょう。

⑥復唱

ひととおり書き終えたらお客様の話を整理し、確認・復唱します。

たとえば、「事前にご注文をいただいたにもかかわらず、商品のご用意がなく、さらには弊社販売員が失礼な態度をとった、ということでございますね」というように、要点をまとめて伝えます。

⑦最終確認

ほかに伝えたいことがないか、最終確認をします。

お客様は自分の話したいことをすべて話し終えるとある程度、気持ちが落ち着きます。

「ほかに何か、ございますでしょうか」

このような言葉で、最終確認をします。

(5) 状況に応じた言い回し

お詫びをする際、きちんと誠意が伝わるように言葉を選びましょう。やみくもに「申しわけございません」と決まりきった繰り返しばかりでは、形だけの言葉に聞こえ、お客様の気持ちは静まりません。

謝罪時の文言にもいろいろな言い回しがあります。お客

様の心情と、状況にそった言葉を選びましょう。

①謝罪時

・ご不便をおかけし、誠に申しわけございません

・多大なご迷惑をおかけし、誠に申しわけございません

・ご不快な思いをさせてしまい、誠に申しわけございません

・お手を煩わせてしまい、誠に申しわけございません

・お怒りごもっともでございます

・ご指摘のとおりでございます

・お恥ずかしい限りでございます

・心よりお詫び申し上げます

・深くお詫び申し上げます

②解決への提案

・早急に確認し、わかり次第直ちにご連絡いたします

・担当者に確認し、○時までにご連絡いたします

・大至急、代わりの品をお送りいたします

・お詫びといたしまして、○○をさせていただきたいのですが、いかがでしょうか？

③改善への姿勢

・二度とこのようなことがないよう、十分に注意いたし

ます
・今後(こんご)このようなことがないよう、全員(ぜんいん)に徹底(てってい)いたします

④ご意見(いけん)への御礼(おれい)

・ご意見(いけん)ありがたく存(ぞん)じます
・ご親切(しんせつ)にお伝(つた)えいただきありがとうございます
・ご指摘(してき)、＊真摯(しんし)に受(う)け止(と)めます
・いただいたお声(こえ)をもとに、誠心誠意(せいしんせいい)、努力(どりょく)いたします
・今後(こんご)とも、ご指導(しどう)くださいませ

＊真摯(しんし)……まじめでひたむきに。

——————【MEMO】——————

■整理整頓（5Sの実践）

　たくさんの仕事をこなすようになればなるほど、うっかりミスをおかす機会も増えると考えなければなりません。仕事をバリバリこなしていくタイプの先輩で、いつも「おーい、あれはどうしたんだっけ？」などと大声をあげている人は、たいていどこの職場にも一人や二人はいるものです。

　仕事を進めるスタイルは人の個性と同じようにさまざまですが、うっかりミスをしないための原則は1つしかありません。新人はその原則にしたがって行動すべきです。

　まず、机の上には必要最低限のファイル（書類）しか置かないことです。あとは電話が1台と最小限の筆記用具、それにメモ用紙があれば、それほど不自由は感じないでしょう。机の中も、もちろんきちんと整頓されていなけれ

ばなりません。また、自分の身のまわりだけでなく、所属する部署全般の整理・整頓は新人の任務と心得ましょう。うっかりミスをなくし、時間のムダをなくすために、新人は率先して「5S」を実行しましょう。

5Sのポイント

・整理（Seiri）
　→書類・データ・事務用品などをきちんと整った状態にしておくこと。不用品を取り除くこと

・整頓（Seiton）
　→散らかっているものを整理して、すぐに使えるような状態にしておくこと。ものの置き方、レイアウトなどを工夫すること

・清掃（Seisou）
　→ゴミや汚れを取り除くこと。きれいにしておくこと

・清潔（Seiketsu）
　→きれいな状態。心をすがすがしくさせる

・しつけ（Shitsuke）
　→決めたことを守ることができるよう習慣づけすること。この「しつけ」に関しては一般に新人は受ける側になる

　この「5S」は、日本語のローマ字読みから出た言葉であることからわかるように、日本人が考え出した原則です。
　もともとは、製造現場で使われていた言葉ですが、この5つの考え方は仕事の原則であり、事務の現場でも適用さ

れるべきものです。大いに推奨されることが望まれます。

■報・連・相で評価アップ

「ホウ・レン・ソウ」とは、報告・連絡・相談を略したものです。単にコミュニケーションをはかるだけでなく、トラブルを防ぐために必要とされる、報告・連絡・相談の習慣を身につけましょう。

(1) 報告

　仕事は指示で始まり、報告で終わります。それなのに、「部下が自分から報告してくれない……」と嘆く上司はたくさんいます。また、「きちんと報告したのに……」と嘆く部下もたくさんいます。このミスマッチは報告の有無だけでなく、そのやり方にも問題があるのです。
　報告は以下のタイミングを逃さずにおこなってください。

●報告のタイミング

・業務が終了したとき

- 長期的な仕事は1日ごと、ミッションごとなどは区切りのとき
- 仕事の進め方に変更が必要なとき
- ミスやトラブルなど対処を急ぐ必要がある場合はただちに

タイミングを逃すといい方法が役に立たなかったり、早く報告していれば対処できたことが取り返しのつかない問題に発展することもあります。上司から、「あれ、どうなった」と督促される前に報告をこころがけましょう。

また、報告には以下の5つの種類があります。状況と場面によって使い分けてください。

●報告の種類

- 結果報告……指示された仕事を終えたとき、あるいは一段落した時点でその概要を報告する
- 中間報告……中長期の仕事を受けたとき、その経過や結果などの進行状況を定期的に報告する。3日以上になる中長期の仕事では、どのように進行し、これからどのように進めるのかを知らせるためにおこなう
- トラブル報告……顧客の苦情やトラブルに巻き込まれたとき、その状況を報告して対応すべき指示を待つ
- 変更報告……指示された内容を変更した、あるいは変更したいとき、その状況を報告して次の指示に備える
- 情報報告……顧客の事情や競合他社の状況など、何ら

かの情報をつかんだとき、その概要を報告する

　報告において「悪いことほど早くいえ」は非常に重要です。悪いことは時間の経過とともにどんどん悪化していきます。早く手を打っておけばそれほど手間はかからなかったのに、事態が悪化してしまうと、それを収拾するのに2倍、3倍の手間がかかってしまうこともあるのです。

　また、ビジネスではクレームや自分自身が起こしたミスの処理などで、ついウソをついてしまうことがあります。たとえ1つの小さなウソであってもそれを積み重ねると取り繕えない事態に陥ってしまいます。小さなウソをつくよりも、正直に伝えましょう。正直に伝えることを積み重ねることによって相手の信頼を得ることができるようになります。

　それでは以下に、報告のテクニックをあげておきます。

●報告の方法
　時と場合によって、口頭または文書でおこないます。

・口頭……急いでいる場合や簡単な報告の場合
・文書……データや図表など、資料が必要な場合

●報告のまとめ方
　「クレームへの対応」でもでてきましたが、「6W2H」【いつ（When）、誰が（Who）、何を（What）、どこで（Where）、なぜ（Why）、誰のために（Whom）、どのようにして（How）、

どのくらい（How much・How mamy）】が伝達の基本です。「報告」に限らず、人にものを伝えるときは、これを明確にすることが最も大切なポイントです。

言葉としてはよく知られた「6W2H」ですが、業務の中では案外できていないのが実状です。

意識して取り組んでください。

●報告のポイント

報告はタイミングよく的を得たものでなければ意味がありません。そこで、ここでは報告の主なポイントをあげておきます。

・自分に指示、命令を出した人（具体的には、上司や先輩、マネージャーなど）に対して直接報告する
・ほかの人には決して頼まない
・重要な報告は早めにする
・報告できるまで期間が空いてしまう場合は、途中で経過を中間報告する
・事実を正確に、そして客観的に報告する
・事実と個人的な意見や予測とを明確に区別して伝える
・結論から先に報告する → 一般的には「結論 → 理由 → 状況・経過」の順
・言い訳や苦労話は基本的に不要
・自分に指示、命令を出した人からアドバイスや次の指示を受けたら、必ずメモをとる

(2) 連絡

　連絡でまず押さえておきたいのは自分が伝えたいことを伝えるのではなく「相手にとって役に立つことを役に立つタイミングで伝える」ことです。そこで欠かせないのは「相手がほしい情報を知る」ことです。そのためには自分以外の人たちが、今、どんな仕事をしているのか、どんな問題を抱えているのかなどに、常にアンテナを高く張ることが重要です。そのための行動は、２つあります。

　まず、誰よりも多く電話をとることです。電話をとれば、ほかの人がどんなお客様・取引先と仕事をしているのかがよくわかります。また、伝言を頼まれることによって仕事の内容がわかってくることもあります。

　次は自分のまわりの人の行動予定を知ることです。最近は、スケジュール管理ソフトを使って一人ひとりの行動予定を共有している会社も増えています。誰がいつどんな会議に参加するのか、どこを訪問するのかを知るだけでも、自分のもっている情報が誰の役に立つか見当がつくようになるでしょう。

　この２つをこころがけることで、効率的な連絡ができるようになるはずです。

　また、連絡は早めにおこなう習慣をつけましょう。タイムリーな連絡をおこなう２つの方法は

・仕事に変化が発生したとき、内容を整理し即連絡する
・新しい情報が入ったとき、情報源・内容を整理し、即連絡する

です。

　仕事の変化や状況の変化など、何かあったらすぐ連絡をくれる人として認識してもらうことができ、結果的に取引先、上司からの信頼獲得につながります。

　そして大切なことは、情報をしっかり伝えることです。関係するすべての人にもれなく伝えることも欠かせません。関係者の中で一人でも伝わっていない人がいたならば、その連絡は失敗です。そうならないために事前に関係者全員をリストアップして、連絡が終わったらチェックをおこない、もれがないかどうかを確認するなどの工夫も必要です。さらに情報は生ものなので、鮮度が命です。一刻も早く、同時に伝えるべき人にもれなく連絡する必要があります。

　連絡には３種類があり、それぞれに気をつけるポイントが異なります

●３種類の連絡

①部内連絡……
　同じ部署内での連絡は、最も日常的で頻繁な業務といえます。部内関係者は同じ情報を共有する必要があるだけでなく細部にわたる情報交換が多いので、スムーズで的確な連絡が求められます

②社内連絡……
　組織の枠を超えた連絡であり、特定の人のみに連絡する場合やほかの部署と情報を共有することもあります。多くの場合、顔のみえない関係者に連絡するため、より

丁寧な対応が必要となります

③社外連絡……

大切なお客様や取引先への連絡は両者をつなぐ重要なパイプです。そのため、相手の気持ちを十分に配慮しましょう。不適切な連絡は会社の信用を損ないかねません

●連絡の方法

連絡の方法は緊急度や重要度によって異なるので、そのときに応じて使い分けることを心がけましょう。

①口頭・電話……急を要する場合や簡単な連絡の場合
②朝礼・会議・掲示・放送……大勢に簡単な連絡をする場合
③文書……記録を残す必要があるもの、データや資料を示す必要がある場合

●連絡のポイント

・できるだけ早く伝える
・かかわっている人に対し、直接、それももれなく伝える
・隣の席や向かいの席など、顔をあわせる相手への簡単な連絡はメールではなく、直接、それも口頭で伝える
・大勢に連絡するときは口頭だけではなく、掲示やメールでも伝える
・重要な連絡は口頭だけでなく、メールでも伝えて記録に残るようにする

(3) 相談

　相談で問題を解決するコツは、相談する価値のある人を見つけることです。相談する価値のある人とは、過去に同様の問題を解決した経験がある、もしくは問題解決に必要な知識をもっている人です。相談する相手を間違ってしまうと、お互いの時間が無駄になり、残念な結果になってしまいます。

　相談は必ずしも上司にしなければならないというわけではありません。ふだんからまわりの人に関心をもっておくと、いざというときに誰に相談をすると効果的か判断できるようになります。

　ただし、直属の上司以外の人に相談する場合は、途中経過や相談結果は直属の上司にも必ず報告しましょう。上司は、部下が自分を飛び越えてほかの人に相談すると寂しい思いをするものです。上司以外の人に相談するときは「○○部長に相談したいのですが……」と事前に直属の上司に相談します。直属の上司への心配りも忘れてはいけません。

　上司や先輩に相談したあとで必ずやらなければならないのが「結果報告」です。ポイントは3つあります。

きたことを伝える
・悪い結果だった場合、想定される原因を伝えたうえで、今後、どのようにすべきかを改めて相談する

　相談された側からすると、自分のアドバイスの結果がどうなったか気になるものです。アドバイスを実行後、速やかに結果報告をおこなうことで、次に相談するときも気持ちよく相談に乗ってもらうことができるのです。

●相談のタイミング

・仕事の進め方についてわからないことがあるとき
・新しいアイディアを思いついたとき
・ミスをしたり、トラブルを抱えたりしているとき
・上司が忙しくなさそうなとき

●相談のポイント

・相談する前に自分にできる努力や工夫をすること
・問題点を明確にして相談すること
・単なる愚痴で相手の時間を奪わないようにすること

■欠勤・遅刻・早退・休暇のマナー

　会社においては外国人といえども重要な戦力です。いきなり欠けてしまえば、仕事の流れに支障をきたします。

したがって欠勤・遅刻などの場合はきちんとマナーを守らなければなりません。

●欠勤

主な理由としては病気や事故が考えられます。どんな理由であれ、会社に行けそうもないとわかった時点で電話連絡をしてください。後日、出勤した日に上司に欠勤理由をきちんと報告します。必要により文書で報告することもあります。長期にわたって病院に行った場合などは、診断書を忘れずにもらっておくことです。

●遅刻

遅刻しそうだとわかった時点で、大至急連絡します。出社したら必ず上司に報告し、「あれ、いたの？」とならないようにします。

●早退

急病以外の早退の場合は、事前に文書で了解をとっておきます。

●休暇

有給休暇なども仕事の流れに支障をきたさないように、上司や同僚とよく相談してからとるようにします。また、何日前に届け出るのか、会社の規定をよく確認しておきましょう。

　結婚式などの慶事の場合は日時が事前にわかっているので、あらかじめ文書で了解をとっておきます。一方、親族の葬儀などの弔事の場合は、急なことなので仕事に支障をきたすことが多いのですが、上司や同僚と打ち合わせをし、あとの段取りをきちんとつけてから休むようにします。以上のような休暇のマナーとならんで、ふだんから以下のようなことを心得ておくことが必要です。

・自分が休む（遅刻する）ことによって周囲にどのような影響があるのか、よく知っておくこと
・「甘え心」を理由とする遅刻・早退はしない（自分に厳しく）
・今日やるべき仕事を明日にもち越さない（段取り上手になれ）

———————【MEMO】———————

■社会人としてのコンプライアンス
(Compliance)

(1) コンプライアンスとは

コンプライアンスという言葉を直訳すると「法令遵守」となります。つまり、法律に違反することをしてはならないことと

なります。しかし、会社であっても個人であっても、法律を守るということは当然のことです。

したがって、あえて法律に違反しないことのみがコンプライアンスではありません。

コンプライアンスの原点は「公正・適切な企業活動を通じ社会貢献をおこなう」ことです。つまり、法令遵守はもとより、社会の構成員として求められる価値観・倫理観による誠実な行動によって、公正かつ適切な経営を実現し、社会との調和や、社会貢献をはかり、企業を創造的に発展させていくということがコンプライアンスの意味するところとなります。

(2) 慣れからくるコンプライアンス違反に要注意！

入社後しばらくは、わからないことばかりで緊張感を

もって仕事に取り組むでしょう。しかし、仕事に慣れて
くるとその緊張感も次第に薄れてきます。これが怖いの
です。「慣れからくる失敗」が起こりやすくなるからです。
仕事に慣れたからといって、仕事や職場のルールを甘くみ
ず、以下のことに気をつけなければなりません。

● 業務手順の遵守

　仕事に慣れると、定められた手順を省略したくなること
があります。「自分は大丈夫」という慢心です。そして、
それで問題が起きないと「やっぱり（省略しても）大丈
夫だ」と考えてしまいます。しかし、これは非常に危険です。
定められた業務手順は、上司や先輩が知恵を絞ってミスや
不正の防止のために考えたルールです。たとえミスが生じ
なかったとしても手順が守られていなかったことが発覚し
た場合は、あなたは大きな処罰の対象になります。

● 職場の備品

　職場ではボールペンやクリアファイルといった事務用品
などが用意されています。これらは仕事で使用するため、
会社の費用で購入されたものです。仕事以外の目的に使用
することは、違法行為となります。自宅にもち帰るような
行為は窃盗（泥棒）です。備品類は、業務に使用するため
にあるものと肝に命じてください。

● 誠実労働義務

　ほかにも社員として守るべき義務があります。それらを

総称して「誠実労働義務」と呼びます。例えば、職場に対する誹謗中傷などをおこない会社の信用を損ねる、無断でアルバイトなどの副業をおこなう、職場で身につけたノウハウなどを他社のために使用することなどがこれに相当します。

(3) 情報の管理

　仕事で接するさまざまな情報の管理は、コンプライアンス上の重要なテーマです。自分が与えられた情報の重みを理解し、情報管理の基本を身につけ、不注意による漏洩などの事故を引き起こさないよう心がけましょう。

● 情報セキュリティの大切さ

　今日の職場は、大量の情報で溢れています。ＩＴ機器の普及と性能向上により、かつては考えられなかったほどの大量の情報を一人ひとりの社員が取り扱うようになりました。それにともない、一人の不注意による大規模な情報漏洩事故により、会社が巨額の損失を被ることが現実問題となってきました。情報のセキュリティは、一人ひとりが高い関心をもって取り組む必要があります。必ず職場で定められた情報管理ルールにしたがってください。

● 書類と情報機器の管理

　情報漏洩事故の大部分は紙媒体によるものとされています。書類なしで仕事はできないので、情報セキュリティの第一歩は書類の管理となります。たとえば、重要書類のも

ち出しや管理は上司の許可が必要です。書類をどうしてももち出す必要がある場合は情報管理のルールを守り、必ず許可を得るようにしましょう。

　また、職場で使用しているパソコンの管理にも十分に注意してください。パソコン本体の管理、ID・パスワードの管理には万全を期しましょう。ID・パスワードの漏洩は職場のシステムへの不正侵入を許し、大損害の原因となります。

●守秘義務

　社員となった以上、守秘義務が生じます。守秘義務とは業務上の情報を社外の人に話さないということです。相手が親友であっても家族であっても同様です。SNSなどで仕事の話をすることも厳禁です。自分では秘密情報ではないと思っていても、ほかの情報との組み合わせにより業務上の秘密が漏洩してしまうことがあるのです。

(4) 社会人としての心がけ

　社会人は、自分だけの都合で行動の選択はできません。常に自分の行動がどのように見られているのかを意識し、社会に対して恥ずかしくない振る舞いが求められます。

●マナーと社会常識

日頃の規律正しい態度は規範をつくります。遅刻などの時間にルーズな勤務態度は心の隙を招き、ひいては違反行為を招くことにもなりかねません。日頃から自分の行為を点検し、社会人としてのマナーや社会常識に反していないかどうかを確認する必要があります。社会常識が身につけば、違反行為に対し疑問を感じることができるはずです。こうしたセンスをもつことが、コンプライアンス経営の第一歩なのです。

● 常識力を磨く

みなさんに、いきなり日本での社会常識を求めても難しいかもしれません。日本で社会人としての常識を学ぶにはある程度の時間がかかりますが、その学びはすぐに始めましょう。まず、家庭や学校で学んだ善悪の判断基準を忘れないでください。そして、上司や先輩のアドバイスを大切にしてください。そうすれば仕事で何が重要なのかが、やがてわかってきます。そして、自分の周囲で起きる出来事をよく観察し、そこから会社と自分を守るために必要なコンプライアンス意識を身につけていきましょう。

(5) ルールを知る努力

コンプライアンスはルールを守ることだけではありませんが、ルールの遵守は最低限の義務です。この最低限の義務を果たすためには、ルールを正しく理解することが必要です。仕事に関するルールの理解と遵守はコンプライアン

ス経営の最低条件であるといえます。

●無知の怖さ

　ルール違反と知りながらの違反行為と、そうとは知らずの違反行為とではどちらが悪質でしょう。もちろん悪質なのは前者です。しかし、より危険なのは後者という場合もありえます。前者のように、違法だと知っていた場合には、ある程度のところで歯止めが利きます。しかし、違反だと知らない場合、本人は正しいことをしているつもりで違法行為を続けてしまう可能性があります。無知は、非常に危険なことなのです。

　知らないルールは守りようがありません。コンプライアンス経営の第一歩は、社員一人ひとりが自分の担当業務に関連するルールを知ることです。

●法令違反は許されない

　ルールを正しく理解した人でも、ルール違反をしてしまうことがあります。「会社の利益のためだ」とか「ルールが間違っている」といった自分勝手な解釈もあれば、「たぶんバレないだろう」「みんなもやっているから」「誰にも迷惑をかけないから」といった安易な気持ちで違法行為をおこなってしまう場合も考えられます。

　しかし、どんな場合でも、ルール違反（とくに法令違反）は許されません。強い意志のもと、誘惑に打ち勝たなくてはなりません。

コンプライアンスのチェックリスト

- ☐ 仕事の話を社外の友人に話していないか？
- ☐ 仕事の話をブログやSNSに書き込んでいないか？
- ☐ 重要な書類などをもったまま帰宅したりしていないか？
- ☐ 帰宅時や長時間離席するとき、机上の書類は引き出しやキャビネットにしまっているか？
- ☐ 許可なく自宅のパソコンで会社の業務をおこなっていないか？
- ☐ 社外で仕事の話（電話を含む）をするとき、周囲に人がいないかどうか確認しているか？
- ☐ 許可なく重要書類や秘密情報が含まれるコピーをとっていないか？
- ☐ 許可なくUSBメモリなどに会社のデータをコピーしていないか？
- ☐ 会社のパソコンでゲームや娯楽のために

インターネットを閲覧していないか？

□ 会社の備品（事務用品など）を自宅で使っていないか？

□ 社名や会社のロゴの入った封筒などを私用で使っていないか？

□ 業務に関係ない雑談などで過ぎた時間を、残業時間として申告していないか？

□ 会議や待ち合わせなどに遅刻しないよう、常に時間に余裕をもつよう心がけているか？

□ 髪型や服装など、身だしなみは出社前にきちんと確認しているか？

□ 仕事の手順はマニュアルどおりに進めているか？

□ プライベートな場面であっても、会社に迷惑をかけるような行為は慎んでいるか？

【MEMO】

第4章
楽しく過ごすために
「日本の生活を楽しく、豊かに過ごそう！」

■仕事が終わったら

働き方改革が謳われ、定時退社や残業時間の削減に力を入れている企業が増えつつあります。早く帰ることができた日に、単にダラダラと過ごすのか、自分のために有意義に過ごすかで人生が変わってきます。

せっかく仕事が早く終わって帰ることができたのに、とくに目的もなく過ごして時間をつぶすのはもったいないものです。

もし家庭をもつ人で早く帰宅できるのであれば、家庭のお手伝い（子供の遊び相手）などをするとよいでしょう。また、独身でも早く帰ることができれば、自分のスキルを伸ばす勉強やスポーツなどに時間を使うとよいでしょう。

では具体的に、何をすればよいのかをあげてみます。

●読書

まずは読書です。やりたいことがあるにせよ、なりたいものがあるにせよ、知識がなければ達成できないことも多くあります。読書は、自分が望むところへたどり着くための素晴らしい手段なのです。読書により、自分とは違った生き方や境遇の人たちのことを知ることで、心に刺激が与えられます。

私たちの人生の課題はそれぞれでしょうが、共通していると思われるのは「頑張って、（自分の目の前にある試練を）乗り越える」ことの積み重ねをおこなっているということです。その乗り越えるプロセスやそのなかでの葛藤や必要

なメンタル力を知ることで、自分の人生の糧とすることができます。

また、読書は人を落ち着かせます。毎日の読書によって、日々、平穏に過ごすことができるようになるはずです。

そして、話し方、聞き方、見方、感じ方、対処法、学び方、鍛え方などがわかり、過ちに気づくことができ、社会に役立つ能力を身につけることができるはずです。

加えて、生涯にわたって役に立つ能力も獲得することができます。

読書により知識が増えていくと、感性力のアップにもつながっていきます。もちろん実践して磨いていかないとそうはなりませんが、読書により、さまざまなセンスが少しずつ身についていくことでしょう。

●勉強

勉強もいいでしょう（もちろん日本語の勉強も）。仕事

で役立つ資格取得のための勉強や、より高度な日本語の習得を目的とした勉強は日本で生活（仕事）をするうえではプラスの効果があります。

●スポーツ

スポーツもおすすめです。それには大きく2つの理由があります。

まず、生活習慣病の予防になります。

食べ物から摂取したエネルギーと運動により消費したエネルギーがバランスよく保たれていることが健康のためによい状態です。しかし食べる量は変わらず、運動をおこなわないと摂取エネルギーが消費エネルギーを上回り、使われなかったエネルギーは脂肪としてからだに蓄えられてい

きます。この状態が幾度となく繰り返されると、脂肪が必要以上に蓄積し、肥満となります。そして肥満が原因となって糖尿病、高血圧、脂質異常症といった生活習慣病になるリスクが高くなります。

次は筋力や身体の機能の維持です。

　ウォーキングで考えてみましょう。歩くという動作は簡単におこなっているようですが、歩くときには多くの脚の筋肉を使って、１歩、また１歩と歩きます。さらにお尻や腰、背中、腕の筋肉も使用しています。つまり全身の筋肉を使ってはじめて歩くことができるのです。また重心を移動させて前に進むためにはバランス能力、さらには長い時間動くことができる心肺機能も必要となります。

　もし歩く動作をしなくなったら、多くの筋肉が減少し、さらにバランス能力、心肺機能が低下します。こうなると歩くスピードが落ち、青信号を渡りきれない、荷物をもつとバランスが保てずふらついてしまう、小さな段差でつまずき転んでしまうなど、日常生活に多大な影響を及ぼすおそれがでてきます。このようなことにならないために毎日歩くことが必要なのです。歩くことで必要な筋肉、機能が維持されるのです。

　これら読書、勉強、スポーツなどを曜日を決めておこなうという方法もおすすめです。

■休日には

　ある一定の量を超える仕事をすると生産性が落ちるようです。

　そこで休日の過ごし方が重要になります。

　週末は思い切って気持ちを切り替え、リフレッシュすることに費やしましょう。そうすれば、フル充電された状態で月曜日の朝を迎えることができます。

また、前項とも重なる部分も多くありますが、休日に読書などでじっくり考える時間をつくり、思考の活性化をはかるのもいいでしょう。

具体的な6つの例をあげてみます。

①運動して汗をかく

「朝起きたらランニングをする」「ヨガやストレッチをする」などは、手軽にできることでよいのでチャレンジしてみましょう。体を動かすと神経伝達物質が分泌され、集中力を高めストレスを発散してくれるそうです。

10分程度でも効果があるそうなので、特に平日はデスクワークばかりという方は、短時間でも汗をかく習慣をつけましょう。

②平日より早起きする

休日となるとずっと寝ていることを考えてしまいがちですが、早起きしてみるのもおすすめです。

まず、生活リズムが崩れない、時間を有効に使えるといった利点があり、生活がより気持ち

のよいものになります。

休日になるとだらけてしまい、それが原因で生活リズムがだんだんと崩れていくことはめずらしくありません。生活リズムが維持できるということは長過ぎる睡眠時間の防止にもつながり、結果として寝すぎることによる頭痛を避けられます。

早起きを休日でもやるということは、時間や生活リズムの面で良い効果を受けられるのです。自分だけの時間を使え、休日にできることが増えるという点で、休日の早起きはお得です。

③パソコンやスマートフォンから離れる時間をつくる

仕事中はパソコンでメール、プライベートもスマートフォンでSNSと、公私ともにインターネット漬けの毎日という人も多いのではないでしょうか。「インターネットから離れられず、息の抜けない生活に疲れを感じた」という人も多いはずです。

そこで、週末だけでもパソコンやスマートフォンから離れるネット断食をおすすめします。ネット断食はアメリカなどで数年前から広がり始め、最近日本にも波及してきました。体内の有害物質を排出する「デトックス」にちなみ、「デジタル・デトックス」とも呼ばれています。休日だけでもパソコンやスマートフォンから離れると、異なる環境に身を置くことで新しいアイデアが思い浮かぶなど、仕事にも好影響を与えます。

「デジタル・デトックス」が叫ばれる背景には、SNSの

普及があります。ＳＮＳは交流を広げやすい反面、時間を問わず他人との接触が続きます。お互いの顔が見えないための気疲れもあり、ストレスがたまりがちになるのです。

疲れやストレスの軽減には、インターネットと離れる時間をつくることが大切です。

たとえば、金曜夜に帰宅後、月曜朝に出社するまでパソコンやスマートフォンから離れます。難しければ１日だけでもかまいません。その期間中は、自然豊かな場所やリゾート地などで過ごすとリフレッシュでき、インターネットにつながらない不安は感じにくいとされます。

その期間を自分で設定したら、事前にインターネットから離れることを伝え、緊急時以外は連絡を控えるよう頼んでおきましょう。

④考える時間を設ける

週末に「やりたいことリスト」をつくり、普段の仕事ぶり、会社について考えます。そしていつか達成したい将来の目標を、手帳やノートに書き出します。すると漠然と考えていたことが具体的にみえてきて、より明確になります。

⑤多くの人と知り合えるイベントに出かける

気の合う仲間同士で楽しく過ごすのもよいのですが、たまには初対面の人と知り合えるようなイベントに参加してみるのもおすすめです。趣味や社会性の幅が広がるうえ、新たな出会いによって仕事の道筋が見えたり、アイデアが浮かんだりすることもあります。

ときには積極的に、人脈づくりをしてみましょう。国籍・年代・ジャンルを問わない多様な人づき合いが生まれ、仕事で悩んだときなどに大きな助けとなるでしょう。

⑥行きたいところへ行ってみる

日頃多くの情報に囲まれていると、頭を空にすることが難しくなってきます。一度、自分自身をリセットしたいときは行きたいところへ行ってみましょう。たとえば美術館や博物館などもいいでしょう。美術館・博物館は誰にも気兼ねせず、静かに自分の時間を過ごせる数少ない場所です。また見聞を広めることもできます。

もちろん、行きたい場所は人それぞれです。小旅行やイベント、ショッピングを楽しむなどして心身をリフレッシュさせてください。

以上のように「休日を制する者が仕事を制する」ともいわれるほど、休日の過ごし方は大切で、仕事の生産性に深くかかわってきます。休みの日を充実させることは、家族との絆が深まったり、新たな見聞が広まったりと、よいことばかりです。さっそく、あなたなりの休日の過ごし方にチャ

レンジしてみてください。

■わからないこと、困ったことは

　馴染みのない日本の生活や習慣に触れた外国人は新鮮な驚きを感じるとともに、言葉が通じないなどの不安・不便さを感じることがあると思います。

　来日する外国人の利便性を上げるために多言語対応などの取り組みがおこなわれていますが、それでも日本在住の外国人がわからないこと、困ることはたくさんあるようです。代表的なものを以下にあげてみます。

●言葉の問題

　困ることの第1位は、なんといっても言葉の壁で、各施設などのスタッフとのコミュニケーションがとれないことです。この問題は以前からずっと指摘されていましたが、まだまだ改善が必要です。

　しかし、とくに日常生活で利用することが多いであろう飲食店や小売店、鉄道などの交通網では、英語を話せる店員を増やしたり、一連の流れのマニュアルを作成し、みなさんを迎える態勢が整いつつあります。また、鉄道などの多言語表記の少なさ・わかりにくさに戸惑う人も多いようですが、こちらも徐々に改善されつつあります。

●携帯電話

　日本では電車やバスなどの公共交通機関や施設では電

話（通話）はしないのが常識になっており、車内は非常に静かです。また、路上を通行中の電話（通話）も大きな声で話すことはできるだけ控えましょう。

●日本もキャッシュレス社会に

クレジットカード社会の欧米では支払いの場面でクレジットカードを使う人がほとんどですが、日本では個人経営のお店や規模の小さいお店では現金

しか使えない、ということがあります。

中国ではQRコードでの決済が一般的に普及していることから、日本での現金での支払いを不便に感じることが多いようです。

最近では、日本もQRコードやスマートフォンを使った決済が普及しています。利用できる施設をよく確認しておきましょう。

● 住居

日本に居住することになった場合、もちろん民間アパートやマンションを探すことになりますが、この部屋探しが外国人にとっては難しい場合があります。

賃貸契約をする場合には＊保証人が必要なことがほとんどですが、保証人がみつからないこともありますし、

保証人がみつかったとしても入居者が外国人、という理由で入居できない、ということがあったりと、外国人が日本で部屋を探すのは難しいことがあるといいます。

　しかし最近ではシェアハウスなどの普及も進んでいます。

「郷に入っては郷に従え」、ということわざが日本にはあります。国（地方）によって常識とされることには違いがありますので、その国（地方）に住むことになるのであれば現地の習慣や常識は尊重したいものです。

＊保証人……身元などを保証する人。

―――――――――――― 【MEMO】 ――――――――――――

■社会生活習慣の礼儀・エチケット

　旅行で訪日する外国人の多くが、日本ならではの文化や生活習慣に感銘を受けます。

　商業施設やホテルなどの店員・従業員の礼儀正しさや、地下鉄などの公共交通機関の定刻どおりの運行に清潔な駅のホーム……。それらを見て彼らは、「アメイジング！　ぜひ日本に住みたい！　日本に生まれてくればよかった！」と感嘆の声をあげます。

　しかし、実際に日本で生活するとなると、礼儀正しい接客マナーやストイックなまでの時間厳守を徹底しなければならなくなります。そこで以下に、日本の社会習慣の礼儀・エチケットの代表的なものを解説します。

●接客態度

　マクドナルドのようなファストフード、イトーヨーカドーなどのスーパーマーケット、コンビニに至るまで、店員は折り目正しくお辞儀をし、お客様の一人ひとりに「お箸が必要かどうか」など尋ね、買ってもいないお客様に対してまで「ありがとうございました」とお礼をいいます。

　日本人にとっては当たり前のことですが、これらは外国では、プラダやグッチといった高級ブランド、フォルクスワーゲンやベンツといった高級車のディーラー、４ツ星、５ツ星の高級ホテルなどでのみおこなわれる細やかな接客サービスなのです。つまり、外国人が日本で働くなら、高級ホテルで働くくらい背筋を伸ばしていなければなりま

せん。

●時間厳守

　もう1つ、仕事に大きく関係しそうな日本特有の重要なマナーに、「時間厳守」があげられます。日本では、約束の時間や就労開始時間の10分前には到着し、準備を済ませていないと、遅刻したかのような目でみられてしまいます。こんなに時間に厳しい国は日本くらいのものです。

　対して、外国人の多くは、待ち合わせに10分遅れても、謝罪の言葉もなく、遅刻の連絡もしてこない人が多いものです。日本で働くからには「時間厳守」が重要なのはもちろんのこと、「時間どおりにきても、それだけでは不十分だよ！　ビジネスなら10分前、プライベートでも5分前には到着してなきゃ！」と日本流のマナーを身につける必要があります。

●最低限の漢字をマスター

　店員などの接客マナーの良さは前述しましたが、効率重視の食券機システムやセルフサービスのお店では店員にも頼れません。「肉（meat）」や「塩（salt）」など主要な漢字を知っておきたいものです。

　たとえば、時間やコストの節約のために、駅前そばのような食券システムの店の利用が増えるでしょう。しかし、外国語表記に対応した食券機というのはまだほとんどありません。食券システムの場合、メニュー表で注文するときのような「写真指差し」の技が使えませんし、効率重

視の店ですから店員から細やかに話を聞くことも困難です。

　ですから、たとえば肉が好きなら肉うどんの「肉（meat）」という字や、「豚（pork）」「鶏（chicken）」「牛（beef）」といった種類を表す漢字は早めに覚えたいものです。また、外国人にとって、テーブルに置いてある数々の調味料も、文字が読めなくて戸惑うようです。「塩（salt）」「辛子（mustard）」「醤油（soy sauce）」「砂糖（sugar）」「胡椒（pepper）」「酢（vinegar）」なども漢字で覚えたほうがよいようです。

　スーパーで食材を買う際にも、漢字の壁が立ちはだかります。牛乳（milk）だと思って買ってきたら豆乳（soymilk）だった！　ヨーグルト（yoghurt）だった！　なんて笑い話はよくあるもので、「牛乳」はもちろんのこと、ベジタリアンなら「豆乳」も知っておきたい漢字です。「秋刀魚（saury）」「鯖（mackerel）」「鮭（salmon）」など好きな魚の名前、「人参（carrot）」「玉葱（onion）」「南瓜（pumpkin）」「桃（peach）」「柿（persimmon）」など野菜や果物の名前の漢字も覚えましょう。

　また、お酒（アルコール）のトラブルにも注意が必要となります。酔った自分が周りに粗相を働いてトラブルを起こしてしまうこともあり得ます。さらに、スーパーには缶や瓶に入った飲料がたくさん売られていますが、アルコー

ルと知らずに買ってガブ飲みしてしまっては危険です。「お酒（alcohol）」や「焼酎（distilled spirits）」などは覚えたいものです。

　煙草はパッケージで察しのつくものが大半ですが、「煙草を吸ってはいけません」「ここは禁煙です」といった表記を認識できないと、やはりトラブルを起こしてしまいます。

　日本で暮らしていると道に迷うことが多くなります。このようなとき、電柱や道端の住所表記を頼りに家を探したり、名刺に書かれた住所を通行人に見せて会社を探したりといった知恵はとても大切です。住所に使われる漢字をすべて覚えるのは大変ですが、住んでいる場所や勤めている会社、通っている学校の住所の漢字は、なるべく正確に認識しておきましょう。

　ここでは、「なるべく正確に」というのが重要です。たとえば、東京を南北に貫く京浜東北線は、「大宮」行きと「大船」行きが反復しています。「たしか私の住まいは『大ナントカ』だったよな……」程度の曖昧な認識だと、正反対の電車に乗ってしまうことにもなりかねません。

●敬語

　日本人は、プライベートと仕事で話し方が変わります。いわゆる「敬語」ですが、この概念は、ほとんどの国で用いられていません。日本の場合、ビジネスシーンで必須なのはもちろんのこと、プライベートでも目上の人や初対面の人に対するときは、敬語を使います。

しかし、敬語を使いこなすのは外国人にはとても難しいものです。住まいとする家の中で過ごす分にはホストファミリーなどが「気にしないでいいよ」と寛大に受け止めてくれればすみますが、社会に出るとそうはいきません。この場合、「さん付け」だけでも覚えましょう。

外国では人の名前を呼び捨てにすることが主流ですが、これは日本では通用しません。この違いは必ず覚えましょう。「さん付け」さえできていれば、ほかの言葉が間違っていても、「敬意はあるんだな」と受け取ってもらいやすくなります。

●仕事量と仕事優先

接客マナーをはじめ、何にせよきめ細やかさを求められる日本の労働。そして、質だけではなく量も他国を凌駕しているのが、大きな特徴です。

さらに、日本は有給休暇の消化率の低さ、夏休みの短さ（お盆の前後に３〜５日）は世界一かもしれません。

また、デートやレジャーなどプライベートな予定よりも、仕事を優先するのも日本の特徴といえます。

──────【MEMO】──────

■健康管理

●日本で体調を崩したら

　四季の変化がある日本ではほぼ3か月毎に気候が変わっていきますが、暑さ、寒さの移り変わりに慣れないと体調を崩してしまいます。このくらいの風邪なら大丈夫だろうと軽く考えていると、どんどん悪化してしまうだけでなく、まわりの人たちにも病気をうつしてしまいます。

　会社指定の医療機関を予め確認しておきましょう。

　そして体調が悪いと感じたらすぐに医療機関での診察を受けるようにしてください。

●どの病院へ行けばいい？

　症状によって受診する診療科が違ってきます。

内科：一般的な風邪、内臓の病気、インフルエンザなど

外科：手術を必要とするけがや病気

整形外科：骨、関節、筋肉の異常、腰痛、肩こりなど

皮膚科：湿疹、蕁麻疹、やけどなど

小児科：乳幼児から中学生くらいまでを対象とした病気

産婦人科：女性特有の病気や、

妊娠、出産
耳鼻咽喉科：耳、鼻、喉の病気
眼科：目の病気
精神科：うつ病、拒食症、パニック障害などの心の病気
形成外科：やけど、しみ、ほくろ、凍傷、美容整形など

　　自分が住んでいる地域にどんな医療機関があるのか、その医療機関は何の診療科目を受け付けているのかを区や市町村だよりといった行政が発行する広報誌などを通じてチェックしておきましょう。どこへ行けばいいかわからない場合は、自分の症状を前述の分類でおおざっぱに見当をつけて、その診療科目がある近所の医療機関にまず電話で相談してください。

　　大きな総合病院や大学附属の病院はあらゆる診療科目がありますが、待つ時間がとてもかかります。また、地域の診療所の医師か
らの紹介状がないと
診察費用が高くなる
こともあります。ま
ずは地域の診療所を
受診しましょう。そこ
で設備が不十分など
の理由で十分な診療
が受けられないよう
であれば、医師から紹
介状をもらい大きな

総合病院へ行けばいいでしょう。

●入院が必要になったら？

医師から入院が必要だといわれたら、病院の指示にしたがって入院手続きをしてください。一般的に手続きに必要なものは以下のとおりです。

- 入院申込書、同意書
- 診察カード
- 健康保険証
- 印鑑

なお、入院時は保証人、保証金が必要な場合があります。保証人については職場の上司などに頼むことになると思いますが、もし誰も頼める人がいない場合は病院に相談してください。保証金を多めに払うことで保証人が免除できる場合もあるようです。

保証金は通常5万〜10万円くらいです。退院するときに入院費用として精算されますので、保証金の預り証や領収書は大切に保管しておきましょう。

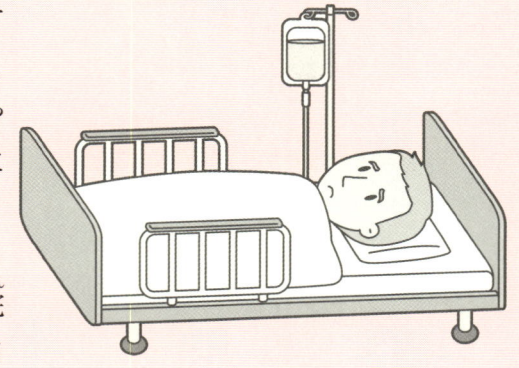

そのほか、入院中に必要なものは自

分で用意しなければなりません。

　また、携帯電話は医療機器に影響を与えるため病院の中では使用しないようにしましょう。公衆電話を使うか、どうしても携帯電話を使いたい場合は玄関ロビーなど携帯電話の使用が認められている場所でかけてください。

●健康問題とコミュニケーション

　近年、日本を訪れる外国人のための医療体制が注目されています。

　まず、在日外国人の健康状態ですが、2010 年の人口動態統計（少し古いものですが）によると、日本に住んでいる外国人は、日本人に比べて男女ともに 2 割以上も死亡率が高いのです。同じ日本に住んでいても、外国人と日本人の間には明らかな健康格差が生じているのです。

　このような格差には、もともとの病気があったり、もとから不健康だったからではないかという見方もあるかもしれませんが、もしそうであれば病気の種類によって死亡率に違いが出るでしょう。しかし現実には、がん・心臓病・脳卒中と自殺を除くすべての病気で外国人の方が死亡率が高いのです。

　こうした健康格差は、外国人の人口が急速に増えた1990 年代以降から注目されています。当時は、就労するための適切な在留資格がなく、健康保険に入れない外国人労働者が多くいました。つまり、経済的理由により治療が受けられないことが、死亡率の高さの主な要因だと考えられていたのです。

その後、日本の経済情勢や労働政策が変化し、在留資格のない外国人は激減しました。そして、現在では医療機関を訪れる外国人の大半が健康保険に加入しています。

　それでもこの格差は解消する気配がありません。その原因には、外国人特有の問題である言葉の壁が大きく影響しているのでしょう。言葉が不自由なために治療が遅れてしまったり、治療効果が上がらずにいる外国人の患者さんがたくさんいるのが残念な現状です。

　このようなことにならないためにも、少しでも早く日本語を覚えましょう。

──────【MEMO】──────

補習
（ほしゅう）

日本語のおさらい、
（にほんご）

そして後輩指導ができるまでに
（こうはいしどう）

生活習慣

●基本の文章

① ここは 東京です。

② 日本で 働いています。

③ くつで 部屋に 入って はいけません。

④ トイレに ゴミを 流さ ないでください。

⑤ 皆で 掃除を してくだ さい。

⑥ 道路に ゴミを 捨てて はいけません。

⑦ 食べながら 歩いては いけません。

⑧ 交通信号を 守りましょう（規則です）。

●主な名詞

生活　習慣　規則　あいさつ　朝　昼　夜

くつ　スリッパ　部屋　トイレ　流し　洗面所

食堂　寮　事務所　工場　現場　床

掃除　バケツ　机　ペン　定規　はさみ

消しゴム　電話　本　ほうき　ちりとり

洗濯　洗剤　可燃ゴミ　不燃ゴミ　資源ゴミ

油　残飯　缶　ペットボトル　運転　旅行

準備　宅配便　煙草　禁煙　理容院　美容院

●主な動詞

入る　　流す　　折る　　回す　　押す　　　たたく

行く　　引く　　捨てる　　入れる　　開ける　　もつ

遊ぶ　　出す　　忘れる　　いる　　曲げる　　飲む

はく　　吸う　　汚れる　　始める　　片づける

分ける　　出かける

●主な形容詞

きれい　　汚い　　多い　　少ない　　大きい　　小さい

広い　　狭い　　太い　　細い　　細かい　　硬い

軟らかい　　厚い　　濃い　　薄い　　深い　　浅い

強い　　弱い

──────────【MEMO】──────────

買い物

●基本の文章

①これは いくらですか？

②青い ジャンパーを ください。

③もっと 大きいものは ありますか？

④セーターが ほしいのですが？

⑤りんごを 4つ ください。

⑥石鹸を 2つと タオルを 3枚ください。

⑦どちらが 安いですか？

⑧使いやすいものは どれですか？

⑨カメラは 何階で 売っていますか？

⑩おつりは いくらですか？

⑪カードは 使えますか？

●主な名詞

店　買い物　売り場　店員　お金　おつり

値段　在庫　セール　電化製品　テレビ

洗濯機　ラジオ　カメラ　果物　みかん

りんご　梨　バナナ　ぶどう　野菜　レタス

キャベツ　キュウリ　トマト　ホウレンソウ

調味料　酢　塩　砂糖　醤油　酒　鶏肉

豚肉　　牛肉　　米　　パン　　ビール　　お茶

コーラ　　牛乳　　豆乳　　ジュース　　石鹸

歯磨き粉　　歯ブラシ　　電池　　電球　　セーター

ジャンパー　　シャツ　　サイズ　　素材　色　赤

青　黄　緑　紫　　デパート　　専門店

スーパーマーケット　　エレベーター　　エスカレーター

階段

● 主な動詞

行く　　来る　　買う　　売る　　見る　　聞く

値引く　　調べる　　尋ねる　　払う

● 主な形容詞

高い　　安い　　明るい　　暗い　　長い　　短い

赤い　　青い　　黄色い　　白い　　黒い

──────【MEMO】──────

乗り物

●基本の文章

① この電車は 大阪に行きますか？

② 横浜行きの バスは 何番乗場ですか？

③ ここから東京まで バスでいくらですか？

④ 飛行機に乗ったことは ありますか？

⑤ 東京駅で 地下鉄に乗り換えて 会社に行きます。

⑥ バスと電車では どちらが 便利ですか？

⑦ 新幹線と飛行機では どちらが 安いですか？

⑧ 市役所に行きたいのですが バス停は どこですか？

⑨ 東京から大阪まで 新幹線で 何時間ですか？

⑩ 駅のホームでは スマートフォンを 操作しないでください。

●主な名詞

鉄道	ＪＲ	私鉄	地下鉄	電車	汽車
貨物列車	機関車	特急	急行	快速	特急券
乗車券	各駅停車	新幹線	駅	駅ビル	
最終電車	始発電車	案内板	ホーム	運転士	
車掌	みどりの窓口	券売機	優先席	待合室	
時刻表	切符	計画運休	路線図	運行情報	
遅延	振替輸送	改札口	乗替出口	～行き	

～番線　　最寄駅　　バス　　夜行バス　　バス停

～番乗場　　定期券　　運賃　　タクシー

車（自動車）　　飛行機　　パイロット　　機長

国内線　　国際線　　航空券　　空港　　搭乗口

船　　旅客船　　貨物船　　乗船券　　船長　　港

●主な動詞

乗る（乗車する、搭乗する、乗船する）　　乗り換える

乗り遅れる

●主な形容詞

速い　　遅い

──────────【MEMO】──────────

銀行（ぎんこう）

●基本（きほん）の文章（ぶんしょう）

① お金（かね）を　預（あず）けます。

② お金（かね）を　引（ひ）き出（だ）します。

③ お金（かね）を　振（ふ）り込（こ）みます。

④ お金（かね）を　預（あず）けたいのですが　どうすればいいですか？

⑤ お金（かね）を　引（ひ）き出（だ）したいのですが　どうすればいいですか？

⑥ キャッシュカードを　作（つく）りたいのですが　どのようにすればいいですか？

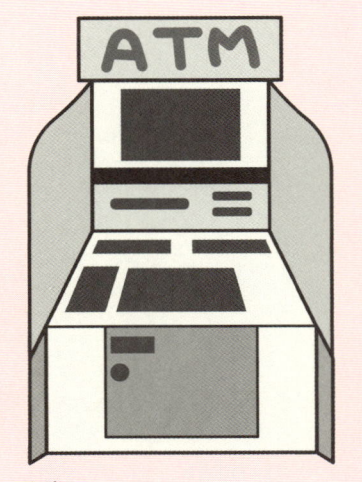

⑦ キャッシュカードで　お金（かね）を引（ひ）き出（だ）せます。

⑧ キャッシュカードで　お金（かね）を振（ふ）り込（こ）めます。

⑨ キャッシュカードで　お金（かね）を　預（あず）けられます。

⑩ 日本円（にほんえん）を　ドルに　両替（りょうがえ）できます

⑪ 日曜日（にちようび）でも　キャッシュカードで　お金（かね）を引（ひ）き出（だ）せます。

●主な名詞

銀行　メガバンク　地方銀行　貯金　融資

日本円　ドル　口座　暗証番号

キャッシュカード　引き落とし（口座振替）　送金

引き出し　振り込み　両替　両替機　新札

現金自動支払機（ATM）

●主な動詞

預ける　引き出す　入れる　換える　振り込む

作る　送る　取る

——————【MEMO】——————

郵便局
（ゆうびんきょく）

●基本の文章（きほんのぶんしょう）

① はがきは あり ますか？

② 84円（えん）の 切手（きって） を 3枚（まい）ください。

③ この小包（こづつみ）は 中国（ちゅうごく）まで い くらですか？

④ 船便（ふなびん）で 中国（ちゅうごく）ま で 何日（なんにち）かかり ますか？

⑤ お金（かね）を送（おく）りたいのですが でき ますか？

⑥ この小包（こづつみ）は タイまでいくらで すか？

⑦ 小包（こづつみ）で 送（おく）ることのできないも のはありますか？

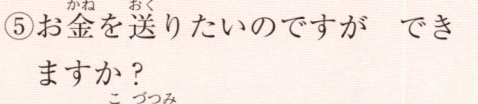

⑧ この手紙（てがみ）は 航空便（こうくうびん）で イン ドネシアまで 何日（なんにち）かかりますか？

⑨ 生命保険（せいめいほけん）に 入（はい）ることはできますか？

⑩ 学資保険（がくしほけん）に 入（はい）ることはできますか？

⑪ お金（かね）は いくらまで 預（あず）けられますか？

●主な名詞

郵便局　　ゆうちょ銀行　　手紙　　はがき　　切手

小包　　エアログラム（航空書簡）　　船便　　航空便

エアメール　　中国　　インドネシア　　ベトナム

フィリピン　　タイ　　マレーシア　　お金　　為替

手数料　　～円　　～枚　　～グラム　　生命保険

学資保険

●主な動詞

使う　　貼る

———————【MEMO】———————

自然・スポーツ

●基本の文章

①明日は
　雨です。

②明日雪が　降る　といいですね。

③明日晴れたら　キャンプに行きます。

④日曜日に　海に　行きませんか？

⑤春は　暖かです。

⑥夏は　暑いです。

⑦秋は　涼しいです。

⑧冬は　寒いです。

⑨雨が　降るかも知れません。

⑩暴風が　吹くかも知れません。

⑪夏は　海水浴の季節です。

⑫木枯らしが　吹きました。

●主な名詞

自然　　天気予報　　雨　　晴れ　　曇り　　雪　　霰

吹雪　　雹　　風　　春一番　　木枯らし　　暴風

突風　　霜　　雷　　稲妻　　太陽　　月　　星　　空

土　　水　　昆虫　　動物　　植物　　季節　　春　　夏

秋　　冬　　海　　川　　山　　スポーツ　　スキー

ボート　　キャンプ　　テニス　　野球　　サッカー

ラグビー　　ジョギング　　海水浴　　空気　　緑

猛暑　　落ち葉

●主な動詞

晴れる　　曇る　　降る　　吹く　　出かける　　泳ぐ

運動する

●主な形容詞

暖かい　　暑い　　涼しい　　寒い

————— 【MEMO】 —————

事故・災害・犯罪

●基本の文章

① 交通事故に　気をつけてください。

② 火の元には　用心してください。

③ 火事だ。逃げろ。

④ 火事のときは　119番に電話してください。

⑤ 冬は　空気が乾燥しているため　火事が多くなります。

⑥ 地震が起きたら　公園（避難場所）に避難してください。

⑦ 日本は　地震が多い国です。

⑧ 今日は　地震の　避難訓練があります。

⑨ 交通事故のときは　110番に電話してください。

⑩ 窃盗や痴漢などの　犯罪者に気をつけましょう。

⑪ 夏から秋は　台風がやってきます。

⑫ 台風では　死者がでることもあります。

⑬ 冬は　大雪による被害が　心配です。

●主な名詞

事故　　交通事故　　火事　　警報　　地震　　台風

大雪　　訓練　　ガス　　自動車（車）　　自転車

非常口　　火災　　火災報知器　　火　　消火器

公園　　避難　　避難場所　　電話　　停電　　犯罪

犯罪者　　窃盗　　痴漢　　暴漢

●主な動詞

逃げる　　走る　　消す　　止まる　　どける　　切る

押す　　動く　　触る　　転ぶ　　急ぐ　　あわてる

──────【MEMO】──────

病気・病院

●基本の文章

① 頭が 痛いです。

② 1日3回 食事の前に 飲んでください。

③ 1回に赤いのを 1つ飲んでください。

④ 吐き気がするので 休ませてください。

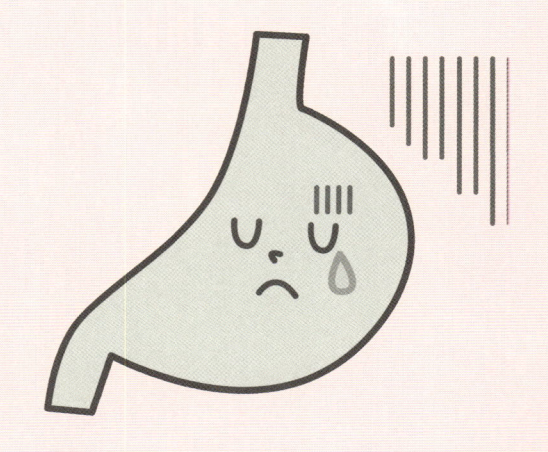

⑤ 冬は 空気が乾燥しているため 風邪がはやります。

⑥ 夏にも 風邪がはやります。

⑦ 風邪を ひいてしましました。

⑧ 病気のときは 内科に 行きましょう。

⑨ けがのときは 外科に 行きましょう。

⑩ 交通事故で 骨折してしまいました。

⑪ 骨折のため 入院することに なってしまいました。

⑫ 全治2か月だそうです。

⑬ 医師に 診断書を 書いてもらいます。

●主な名詞

健康　病気　風邪　けが　吐き気　めまい
頭痛　熱　内科　外科　眼科　耳鼻科

精神科　　歯医者　　頭　　目　　鼻　　口　　耳

のど　　ひじ　　手　　足　　首　　肩　　背中

ひざ　　腰　　おしり　　おなか　　骨　　骨折

病院　　薬　　食前　　食後　　食間　　疲れ

医師　　錠剤　　カプセル　　粉薬　　薬局　　診療所

健康保険　　入院　　外来　　全治　　診断書

●主な動詞

飲む　　洗う　　休む　　（風邪を）ひく

●主な形容詞

痛い　　だるい　　ひどい

———————【MEMO】———————

ひらがな

あ (a)	い (i)	う (u)	え (e)	お (o)
か (ka)	き (ki)	く (ku)	け (ke)	こ (ko)
さ (sa)	し (shi)	す (su)	せ (se)	そ (so)
た (ta)	ち (chi)	つ (tsu)	て (te)	と (to)
な (na)	に (ni)	ぬ (nu)	ね (ne)	の (no)
は (ha)	ひ (hi)	ふ (fu)	へ (he)	ほ (ho)
ま (ma)	み (mi)	む (mu)	め (me)	も (mo)
や (ya)		ゆ (yu)		よ (yo)
ら (ra)	り (ri)	る (ru)	れ (re)	ろ (ro)
わ (wa)				を (o)
ん (n)				

が (ga)	ぎ (gi)	ぐ (gu)	げ (ge)	ご (go)
ざ (za)	じ (ji)	ず (zu)	ぜ (ze)	ぞ (zo)
だ (da)	ぢ (ji)	づ (zu)	で (de)	ど (do)
ば (ba)	び (bi)	ぶ (bu)	べ (be)	ぼ (bo)

ぱ (pa)	ぴ (pi)	ぷ (pu)	ぺ (pe)	ぽ (po)

きゃ (kya)	きゅ (kyu)	きょ (kyo)
しゃ (sha)	しゅ (shu)	しょ (sho)
ちゃ (cha)	ちゅ (chu)	ちょ (cho)
にゃ (nya)	にゅ (nyu)	にょ (nyo)
ひゃ (hya)	ひゅ (hyu)	ひょ (hyo)
みゃ (mya)	みゅ (myu)	みょ (myo)
りゃ (rya)	りゅ (ryu)	りょ (ryo)

ぎゃ (gya)	ぎゅ (gyu)	ぎょ (gyo)
じゃ (ja)	じゅ (ju)	じょ (jo)
ぢゃ (ja)	ぢゅ (ju)	ぢょ (jo)
びゃ (bya)	びゅ (byu)	びょ (byo)

ぴゃ (pya)	ぴゅ (pyu)	ぴょ (pyo)

かたかな

ア (a)	イ (i)	ウ (u)	エ (e)	オ (o)
カ (ka)	キ (ki)	ク (ku)	ケ (ke)	コ (ko)
サ (sa)	シ (shi)	ス (su)	セ (se)	ソ (so)
タ (ta)	チ (chi)	ツ (tsu)	テ (te)	ト (to)
ナ (na)	ニ (ni)	ヌ (nu)	ネ (ne)	ノ (no)
ハ (ha)	ヒ (hi)	フ (fu)	ヘ (he)	ホ (ho)
マ (ma)	ミ (mi)	ム (mu)	メ (me)	モ (mo)
ヤ (ya)		ユ (yu)		ヨ (yo)
ラ (ra)	リ (ri)	ル (ru)	レ (re)	ロ (ro)
ワ (wa)				ヲ (o)
ン (n)				

ガ (ga)	ギ (gi)	グ (gu)	ゲ (ge)	ゴ (go)
ザ (za)	ジ (ji)	ズ (zu)	ゼ (ze)	ゾ (zo)
ダ (da)	ヂ (ji)	ヅ (zu)	デ (de)	ド (do)
バ (ba)	ビ (bi)	ブ (bu)	ベ (be)	ボ (bo)

パ (pa)	ピ (pi)	プ (pu)	ペ (pe)	ポ (po)

キャ (kya)	キュ (kyu)	キョ (kyo)
シャ (sha)	シュ (shu)	ショ (sho)
チャ (cha)	チュ (chu)	チョ (cho)
ニャ (nya)	ニュ (nyu)	ニョ (nyo)
ヒャ (hya)	ニュ (hyu)	ヒョ (hyo)
ミャ (mya)	ミュ (myu)	ミョ (myo)
リャ (rya)	リュ (ryu)	リョ (ryo)

ギャ (gya)	ギュ (gyu)	ギョ (gyo)
ジャ (ja)	ジュ (ju)	ジョ (jo)
ヂャ (ja)	ヂュ (ju)	ヂョ (jo)
ビャ (bya)	ビュ (byu)	ビョ (byo)

ピャ (pya)	ピュ (pyu)	ピョ (pyo)

NMR 経営実務研究会

（えぬえむあーるけいえいじつむけんきゅうかい）

NMR：株式会社日本マネージメント・リサーチは「中堅・中小企業経営者への幅広い情報の提供を通じて、地域経済に貢献する」を経営理念とし、経営実務研修会・人材育成研究会の企画・講師派遣事業を中心に展開している研究グループ。

実務経験豊富な中小企業診断士、税理士、ジャーナリストおよび経営コンサルタントなど各分野の専門家約 200 人が参加している。

講演会・人材育成事業や中堅・中小企業の企業内研修に講師を派遣するほか、ビジネス・経営支援小冊子を発行している。「ビジネス冊子・講師派遣」で検索！

http://www.nmrweb.biz/

ここで差がつくビジネスマニュアル（日本語版）
覚えよう、日本で働くための基礎知識

2019 年 12 月 16 日 第 1 刷発行

著　　　者	NMR 経営実務研究会
発　行　者	千葉　弘志
発　行　所	株式会社ベストブック
	〒 106-0041 東京都港区麻布台 3-4-11
	麻布エスビル 3 階
	03（3583）9762（代表）
	〒 106-0041 東京都港区麻布台 3-1-5 日ノ
	樹ビル 5 階
	03（3585）4459（販売部）
	http://www.bestbookweb.com
印刷・製本	三松堂株式会社
装　　　丁	株式会社クリエイティブ・コンセプト

ISBN978-4-8314-0234-9 C2081
©NMR keieijitsumukenkyukai 2019　Printed in Japan
禁無断転載